La Vie privée des Hommes

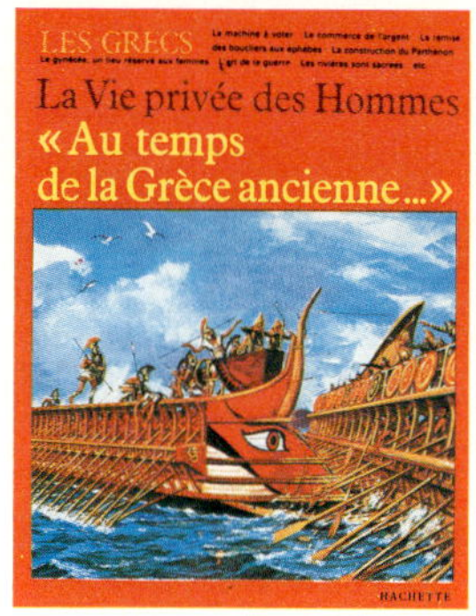

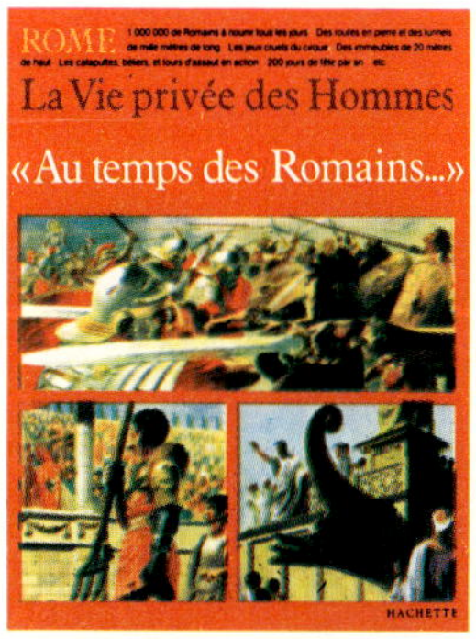

(suite en fin de volume)

La vie secrète des bêtes

(suite en fin de volume)

La Vie privée des Hommes

« Au temps des premières civilisations... »

Texte et illustrations de Giovanni Caselli
Adaptation française de Patrick Restellini

HACHETTE

« Au temps des premières civilisations... »

Table des matières

Les premiers hommes inventent l'outil

Les traces de vie les plus anciennes remontent à 3,5 milliards d'années. Les plantes et les animaux (marins puis terrestres) apparaissent à l'ère primaire ; puis les reptiles à l'ère secondaire et enfin les premiers mammifères à l'ère tertiaire. Comme les gorilles et les chimpanzés, l'homme appartient à cette classe des mammifères, et à l'ordre des primates.

Aux origines de l'homme

Les plus anciens primates connus à ce jour sont apparus il y a très longtemps, voici environ 70 millions d'années, au temps des derniers dinosaures. Ils ressemblent alors à des musaraignes ou à des écureuils et vivent essentiellement dans les arbres : leurs membres sont adaptés à l'équilibre dans les branches.

Puis viennent les premiers grands singes qui apparaissent en Afrique il y a 45 millions d'années. Plus grands, dotés d'un cerveau plus important, ils sont encore mieux adaptés à la vie dans les arbres. L'un d'eux, plus évolué, fait son apparition il y a environ 25 millions d'années. On le nomme *Ramapithèque*. Ses dents ressemblent beaucoup à celles de l'homme. Dans l'état actuel de nos connaissances, il semble être le premier ancêtre commun au singe et à l'homme.

Les premiers hommes

Neuf millions d'années s'écoulent avant l'apparition de l'*Australopithèque*. Il vit en Afrique, se tient debout sur ses deux jambes, fabrique et utilise probablement des outils en pierre. Mais le volume de son crâne est encore très proche de celui des chimpanzés. Un de ses proches cousins, l'*Homo habilis*, qui vit en même temps que lui invente le premier outil à partir d'un galet. C'est à proprement parler le premier homme, l'« homme habile ». Leur successeur est *Homo erectus*. Apparu il y a environ un million d'années, il peuple l'Ancien Monde. C'est lui qui découvre le feu voilà plus de 500 000 ans. Il est l'inventeur du *biface*, un silex taillé sur les deux faces, qui deviendra l'outil universel. Il sait également durcir le bois au feu. Bien armé, il chasse en groupe de gros animaux comme les éléphants, en allumant des feux de broussaille pour les rabattre vers des marécages,

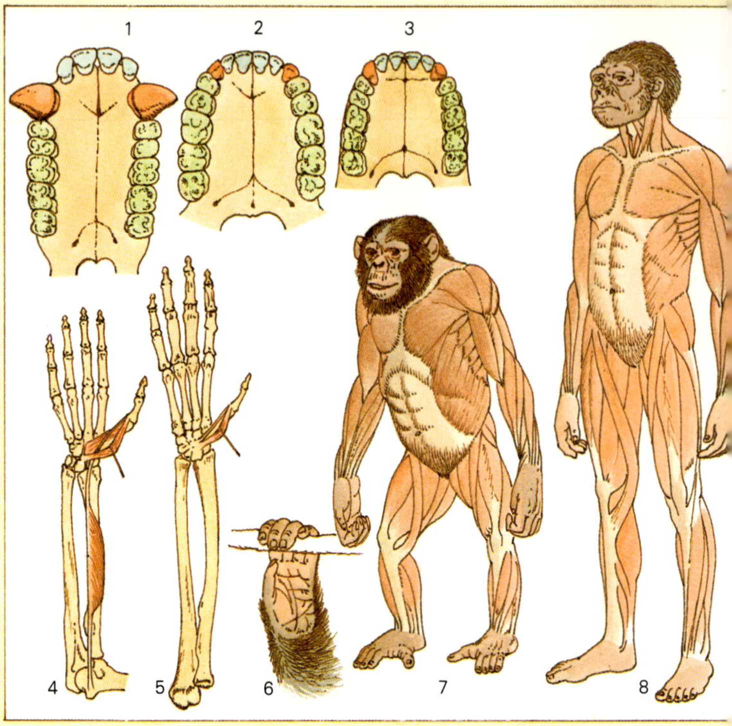

Un ancêtre commun
1 La mâchoire supérieure d'un gorille est puissante ; les incisives et les canines sont très développées.
2 Mâchoire supérieure du *Ramapithecus,* herbivore, l'ancêtre supposé commun à l'homme et aux grands singes.
3 Mâchoire supérieure de l'homme.
Les incisives sont présentées en bleu, les canines en rouge et les molaires en vert.
4-5 Avant-bras humain comparé à celui d'un chimpanzé. Plus long, le pouce humain possède un muscle plus développé.
6 La main du chimpanzé est bien adaptée au déplacement dans les arbres. Cependant elle est moins habile que celle de l'homme.
7 Musculature du chimpanzé.
8 Le squelette et la musculature de l'*Homo habilis* démontrent que le premier hominidé connu se déplaçait parfaitement dressé sur ses jambes.
9 Dentition et mâchoires du babouin.
10 Dentition du chimpanzé.
11 Peut-être les premiers hommes s'aidaient-ils d'outils en pierre pour manger.
12 Les chimpanzés se servent souvent de bâtons pour déterrer les termites.
13 Le bâton à fouir a peut-être constitué le premier outil utilisé pour déterrer des racines ou quelques graines comestibles.

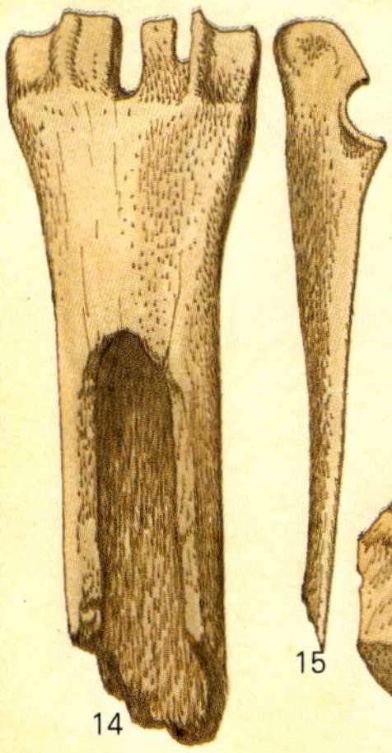

14 15

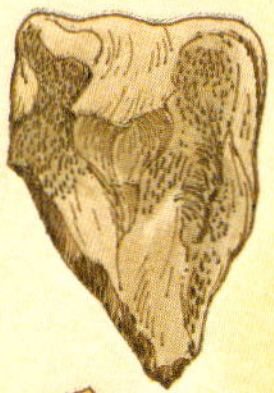

16

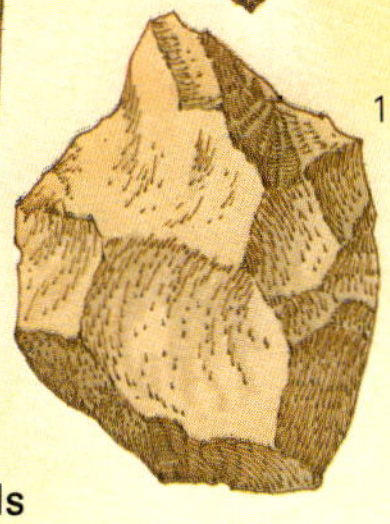

17

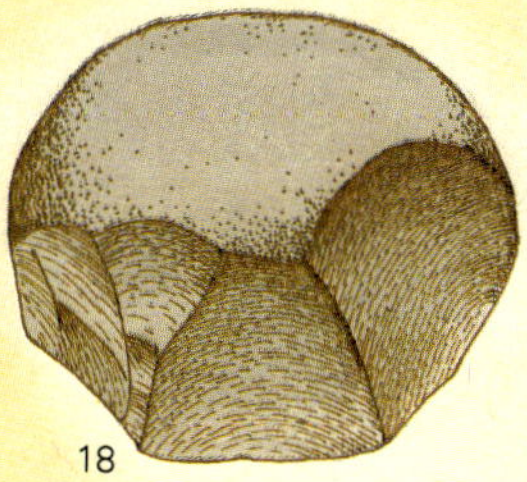

18

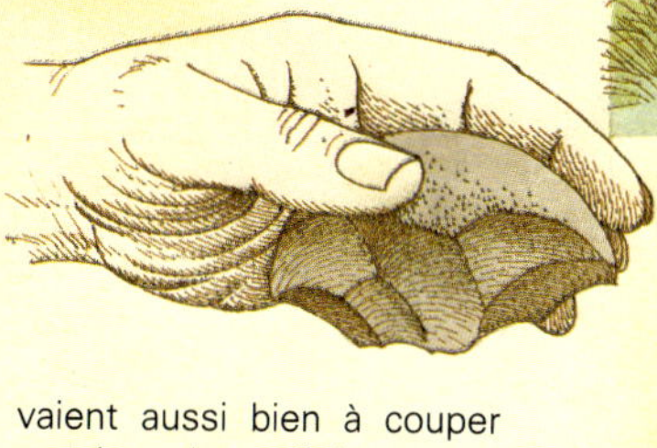

19

Les premiers outils

14-15 Ces os brisés servaient déjà certainement d'outils à l'Australopithèque.

16 Galet taillé par un *Homo erectus* d'Europe centrale.

17 Biface, Olduvai (Tanzanie).

18 Galet « aménagé ». Quelques éclats ont été enlevés de façon à obtenir un côté tranchant.

19 Les galets aménagés, outils des premiers hominiens en Afrique et en Europe, servaient aussi bien à couper une branche qu'à broyer un os ou à dépecer un animal (ill. en haut à droite).

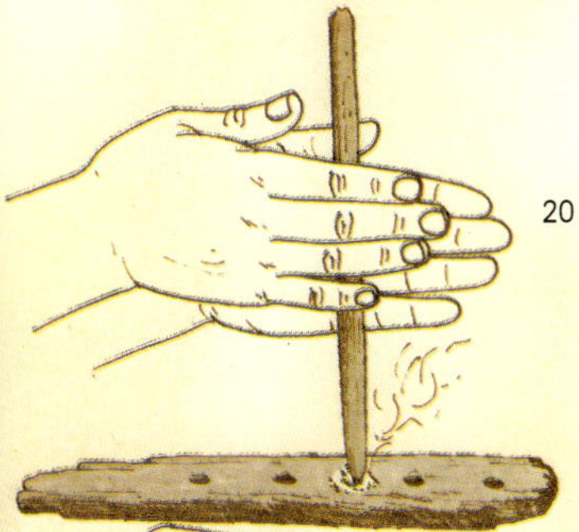

20

21

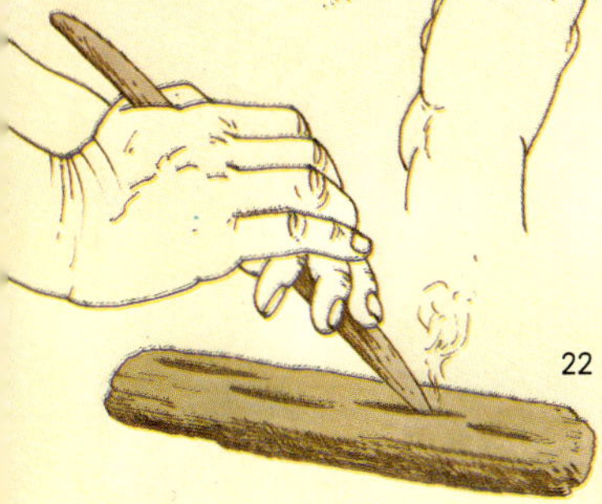

22

Faire du feu

Il y a plus de 500 000 ans, *Homo erectus* apprivoise le feu. Il frotte deux morceaux de bois l'un contre l'autre (20-22), obtenant une fine poussière, qui s'enflamme grâce à la chaleur produite par le frottement. Ou bien il fait jaillir des étincelles en frappant un silex avec une pyrite de fer (21).

Tailler un biface

Il y a 1 million d'années, les galets aménagés sont devenus des outils, découpés des deux côtés en forme d'amande. Ce sont les bifaces, dits acheuléens (du nom de Saint-Acheul, dans la Somme), outils utilisés sur toute la Terre durant des centaines de millénaires.

23 D'un gros bloc de silex (A), l'homme détache de larges éclats à l'aide d'un galet utilisé comme marteau (B). Cela donne l'ébauche du biface (C). A l'aide d'un percuteur en os ou en bois, il retouche alors les deux faces, y ôtant de petits éclats pour les rendre plus tranchantes (D-E). Il obtient ainsi un outil parfaitement adapté à sa main (F) pour travailler et se défendre.

24 Sans cesse amélioré, le biface deviendra un outil raffiné, servant aussi bien à déterrer les racines qu'à couper la viande ou tailler le bois.

25 Les multiples retouches exécutées sur le tranchant demandent beaucoup d'adresse.

26 Les bifaces s'adaptent parfaitement à la main de l'homme.

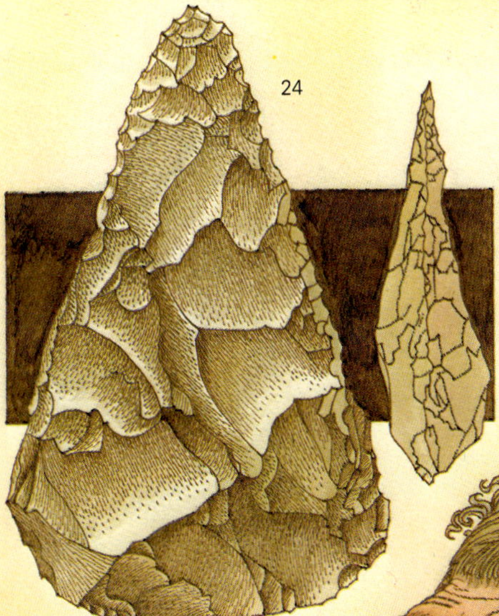

24

25

26

23

1

2

△ **Les abris et les grottes**

1 Reconstitution d'une hutte découverte à Terra Amata près de Nice (France). Édifiée par *Homo erectus*, il y a environ 380 000 ans, elle mesure 10 mètres de long.

2 Les premiers hommes trouvent dans les grottes des abris naturels. A l'intérieur de celles-ci, peut-être dressent-ils parfois des tentes de peaux, comme semblent l'indiquer les vestiges découverts dans la grotte du Lazaret, en France.

4

Les armes et les outils

3 L'*Homo erectus* chasse avec un épieu taillé dans du bois d'if. L'arme est façonnée au racloir de silex et sa pointe souvent durcie au feu. L'épieu en bois brisé ci-dessus a été retrouvé en Angleterre, à Clacton-on-sea.

4 Il y a plus d'un million d'années, les éléphants étaient nombreux en Europe. La scène reconstituée ci-contre se passe en Italie, il y a 70 000 ans. Un groupe d'hommes de Neandertal a réussi à rabattre un éléphant vers une immense fosse qu'ils ont creusée eux-mêmes. Prise au piège, la bête est achevée à coups de lances.

5

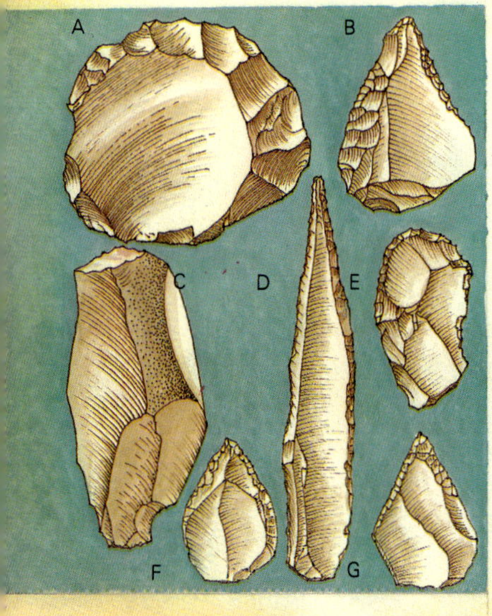

5 ◁ Les premiers hommes ont laissé de nombreux outils de pierre taillée. Parfois nous ignorons leur usage. Ceux qui sont représentés ci-contre appartenaient à l'*Homo erectus*. A) Nucléus (rognon de silex) fournisseur d'éclats ou lames ; B) racloir ; C) lame ; D) couteau-perçoir ; E) racloir ; F-G) pointes ou perçoirs.

6

6 ▷ Trois types de pointes en silex fabriqués par l'homme de Neandertal. Ces outils ont été trouvés en France comme ceux de la planche 5.

où ils sont ensuite abattus. Il construit des huttes de branchages ou de peaux de bête.

L'homme de Neandertal

Successeur de l'*Homo erectus,* l'*Homo sapiens* est apparu il y a environ 100 000 ans. Le plus ancien est l'*Homme de Neandertal,* du nom d'une petite vallée de Rhénanie en Allemagne où il fut découvert pour la première fois. Très répandu en Europe et dans le Proche-Orient entre 80 000 à 35 000 ans avant notre ère, il est contemporain de l'ours des cavernes. Massif, de petite taille (1,50 m à 1,70 m), une face large sans menton et des arcades sourcilières fort épaisses, on lui a longtemps disputé sa qualité d'homme. Il est pourtant le premier être humain à enterrer ses morts de manière rituelle.

Vers 35000 av. J.-C., l'homme de Neandertal s'éteint mystérieusement pour laisser la place à un autre type d'*Homo sapiens,* l'homme de *Cro-Magnon,* notre ancêtre direct. Il représente le dernier stade de l'évolution humaine. Cro-Magnon dispose d'armes de chasse efficaces. Il sait tailler la pierre avec délicatesse et utilise l'os et l'ivoire. Il se déplace en communauté suivant les hardes de mammouths ou de rennes qu'il chasse. C'est sous son règne que s'est développé le premier art de l'humanité.

L'âge de la pierre

Les premiers hommes nous ont laissé de très nombreuses armes et outils en pierre, en os ou en ivoire ; des peintures sur les parois des grottes, quelques sépultures. Ces vestiges matériels ont permis aux archéologues de restituer les civilisations préhistoriques qu'ils ont classées d'après l'évolution de l'outillage.

Ils ont ainsi défini l'époque la plus reculée de la préhistoire, celle de l'ancien âge de la pierre, ou *Paléolithique.* Elle commence avec l'apparition des premiers hominiens et s'achève vers 10 000 ans avant notre ère. Le Paléolithique est suivi du *Néolithique* ou « nouvel âge de la pierre », la seconde grande période de la préhistoire.

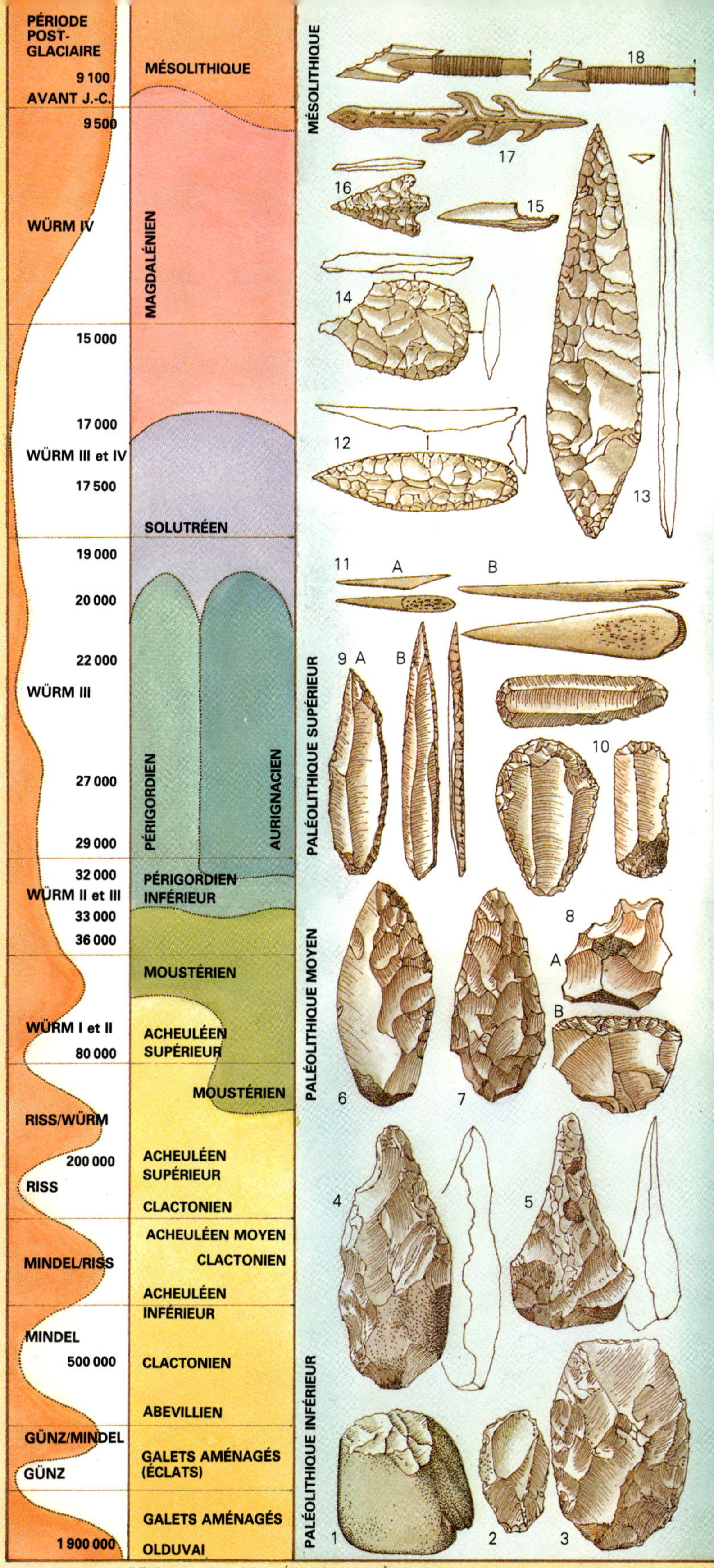

DEUX MILLIONS D'ANNÉES DE PROGRÈS TECHNIQUES

▷ **Les outils et leur évolution**
La planche, en haut à droite, montre comment la forme des outils a évolué au Paléolithique. La colonne de gauche indique les périodes glaciaires (en blanc, leur durée), depuis 1,9 million d'années (en bas) jusqu'à 9100 (en haut). La colonne du milieu indique les différentes civilisations du Paléolithique européen. La colonne de droite montre l'évolution des outils depuis les galets aménagés d'Olduvai jusqu'au harpon de *Cro-Magnon.*

1 Galet de basalte aménagé, Olduvai (Tanzanie).
2 Outil taillé dans un rognon de silex, à Clacton (Angleterre).
3 Hachereau biface.
4 Outil biface primitif.
5 Biface acheuléen.
6-7 Pointes moustériennes (France).
8 Outil denticulé (A). Racloir (B).
9 Couteau chatelperonnien (A). Pointe gravetienne (B) (France).
10 Trois racloirs.
11 Pointes aurignaciennes en os (A-B).
12 Pointe en amande (solutréen).
13-14 Lames en feuille de laurier (solutréen supérieur).
15-16 Pointes solutréennes (Espagne).
17 Harpon en os magdalénien.
18 Pointes de flèches mésolithiques.

Les chasseurs de la préhistoire

Au Quaternaire, la dernière des ères géologiques, la Terre connaît plusieurs périodes de refroidissement intense et d'extension des glaciers.

Les grandes glaciations

A quatre reprises, les glaces recouvrent une grande partie de la surface des continents européen, asiatique et nord-américain (cf. carte p. 13). En Europe, ces glaciations ont reçu, dans l'ordre, le nom de lieux géographiques : Günz, Mindel, Riss et Würm. Ces périodes glaciaires sont interrompues par des périodes plus chaudes, ou interglaciaires, marquées par un net recul des glaces.

Durant ces périodes glaciaires, le climat de l'Europe est proche de celui que connaissent actuellement la Sibérie ou l'Alaska. Tous les animaux qui ont besoin de chaleur pour vivre disparaissent ou migrent vers le sud. D'autres espèces comme le mammouth, le rhinocéros laineux, le renne, l'ours, le loup ou l'aurochs (bœuf sauvage) réussissent à s'adapter au froid. L'homme s'est transformé aussi : l'*Homo sapiens* apparaît (Neandertal puis Cro-Magnon), l'« homme sage ».

Au Paléolithique, l'homme vit de la chasse, de la pêche et de la cueillette, se déplaçant sans cesse à la recherche de sa nourriture. Son alimentation varie avec les conditions climatiques, géographiques et techniques. En Europe, le grand froid incite l'homme à se nourrir de plus en plus de viande. C'est pourquoi la chasse prend une importance considérable. Au Paléolithique supérieur (35000-10000 av. J.-C.), elle devient une entreprise collective et l'unique occupation de la tribu.

Les chasseurs de l'âge du renne

L'homme de Cro-Magnon (c'est le nom de la grotte française où l'on découvrit sa trace pour la première fois) chasse les grands troupeaux de chevaux, de mammouths, de bisons et surtout de rennes. A eux seuls, mammouth et renne représentent plusieurs centaines de kilos de viande qui assurent les besoins en nourriture d'une tribu pour plusieurs semaines, mais aussi des peaux pour les vêtements et les huttes, des os, de l'ivoire ou des bois pour les outils et les armes. Tendons, boyaux et nerfs servent à fabriquer des liens solides. Aujourd'hui, les Lapons du Grand Nord vivent encore d'une telle manière.

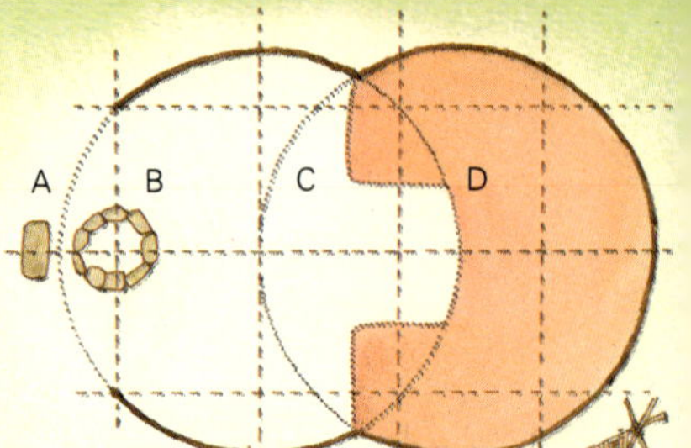

Des abris au Paléolithique
▷ Plan relevé par les archéologues sur les vestiges d'une tente semblable à celles découvertes à Pincevent, en France. A) siège ; B) foyer ; C) aire d'habitation ; D) aire de repos. La zone rouge correspond à des parties du sol recouvertes d'ocre, souvent utilisé dans les campements.

Un camp de chasseurs du Paléolithique supérieur

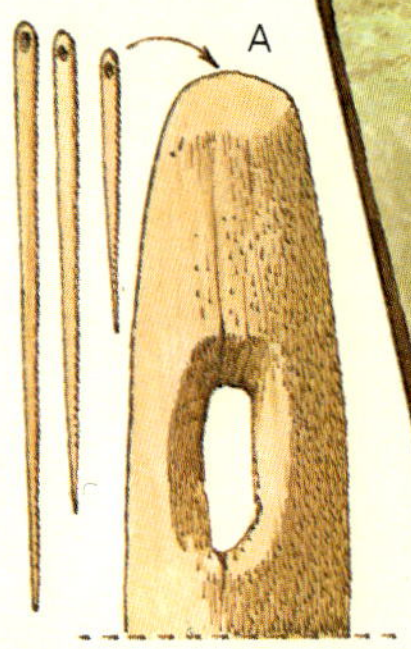

Des aiguilles d'os
△ La taille de ces trois aiguilles d'os est ici réduite de moitié. Le chas est en gros plan (A), semblable à ceux que l'on fabrique de nos jours en métal.

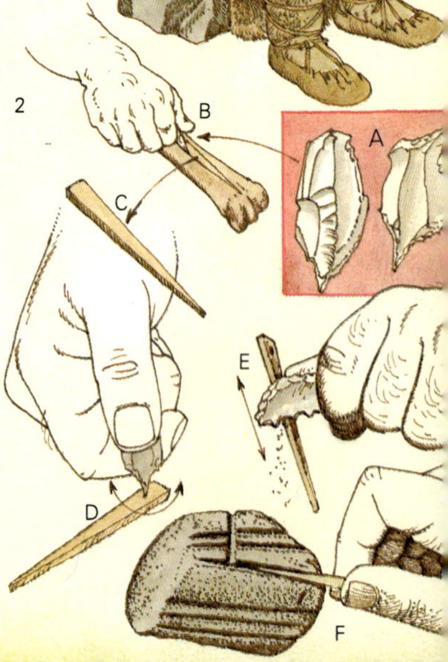

1 Femme cousant une botte en peau de loup.
2 Fabrication d'une aiguille. A l'aide d'un stylet en silex (A), on incise d'abord deux rainures dans un os de cerf (B) pour obtenir une esquille (C). Une pointe fine perce le chas (D) et les aspérités sont lissées avec un grattoir en silex (E). On termine le polissage sur un bloc de grès (F).

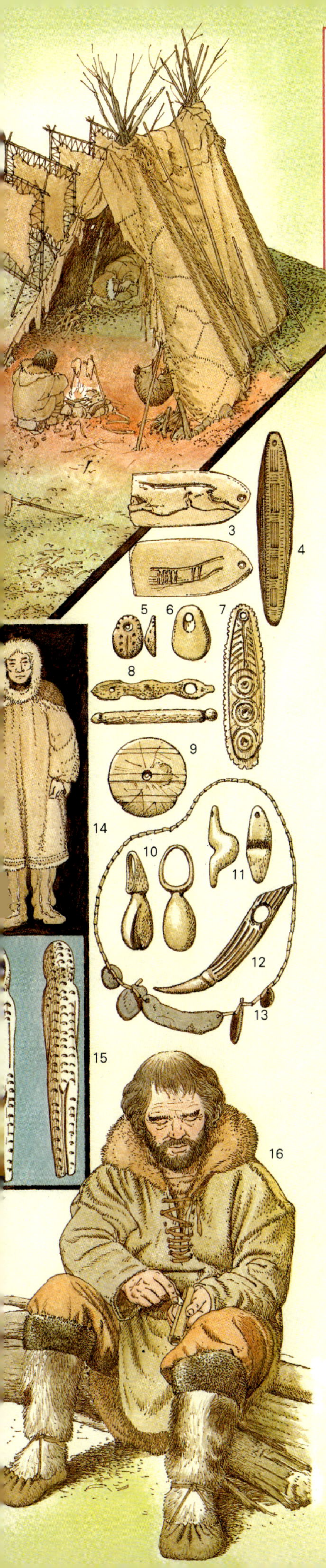

◁ **Des parures en os**

3 Pendentif gravé d'un renne sur une face (en haut), d'un traîneau sur l'autre (en dessous).
4 Pendentif gravé.
5 Petit pendentif en forme de coccinelle.
6 Petit pendentif en ivoire.
7 Amulette.
8 Fibules en os pour attacher les vêtements.
9 Rondelle, peut-être élément d'un collier.
10 Bague ou pendentif.
11 Pendentif, forme de femme stylisée.
12 Bois de cerf décoré.
13 Collier de dents et de galets perforés.

Les vêtements

L'homme de Cro-Magnon doit porter des vêtements chauds pour se protéger du froid intense qui sévit alors en Europe. Malheureusement nous ignorons lesquels car aucun élément n'en a été retrouvé jusqu'ici. Nous en avons seulement une idée, grâce au type d'outils qu'ils utilisent pour les confectionner (des racloirs, des aiguilles en os), aux statuettes humaines et à quelques peintures rupestres.

14 L'étude du mode de vie actuel des tribus dites primitives peut fournir à l'archéologie de précieuses indications. Comme les chasseurs du Paléolithique supérieur, les Samoyèdes de Sibérie, représentés à gauche, habitent la toundra, élèvent et chassent le renne.
15 Plusieurs statuettes en ivoire de ce type ont été retrouvées dans des sites habités en 10000-8000 av. J.-C. Celle-ci représente un homme portant un vêtement à capuche ajusté, identique à celui que portent les Samoyèdes.
16 Un homme d'il y a 10 000 ans porte probablement des bottes fourrées, un anorak à capuche, un pantalon de peau, la fourrure tournée vers l'extérieur.

△ **Les tentes**

Nomades, les chasseurs du Paléolithique supérieur dressent des tentes de peau faciles à démonter et emporter.

17 Reconstitution de trois tentes disposées pour former un ensemble. Chacune a son foyer, son aire de séjour et de repos (en rouge).
18 Tente de forme carrée du Plateau panain (Dordogne) reconstituée. En haut, à droite, fond de la tente tel qu'il a été retrouvé.
19 Tente à double enceinte.
20 Vaste tente habitée à l'époque magdalénienne par des chasseurs de rennes (Allemagne).

Taille du silex

21 Racloir en silex vu sous deux angles, ce genre d'outil était utilisé surtout pour travailler les peaux. Peut-être des manches en bois comme ceux-ci (22) y étaient-ils adaptés.
23 Magdalénienne raclant une peau, dans une attitude reconstituée d'après les techniques samoyèdes.

△ **La fabrication d'une lame en silex**

A) Lame vue de face et de profil. Des éclats sont détachés d'un nucléus de silex au moyen d'une pierre plus solide (B). L'esquille, déjà tranchante, est retouchée à l'aide d'un outil en bois de cerf (C). Une fois terminée, la lame peut être fixée dans un manche (D) et tenue bien en main (E).

Un habitat diversifié

Comme les premiers chasseurs, l'homme de Cro-Magnon vit en tribus, composées de plusieurs familles. Elles doivent suivre le gibier dans ses migrations saisonnières et se déplacent donc souvent. Dans les pays calcaires, elles s'installent à l'entrée des abris et des grottes naturelles ou sur des terrasses faciles à défendre. Ailleurs, elles vivent dans des huttes ou des tentes : ce sont des assemblages d'ossements de mammouth et de perches de bois recouverts de peaux fixées au sol par des pierres.

Des inventions qui changent la vie

Avec Cro-Magnon, l'outillage se perfectionne et se diversifie. Aux lourds bifaces, aux larges racloirs, succèdent des lames légères, minces et allongées. De nouveaux outils font leur apparition : ainsi, les lames aboutissent au couteau. Le grattoir, le perçoir et le burin permettent de travailler de nouveaux matériels, tels que l'os, le bois de renne ou l'ivoire. Les styles bien sûr sont différents d'un groupe d'hommes à l'autre, ce qui a permis aux archéologues de les distinguer : Aurignacien, Périgordien, Solutréen ou Magdalénien.

En même temps que le burin, naît l'aiguille à partir de l'os ou du bois, voici 20 000 ans. Grâce à elle, l'homme peut confectionner les premiers vêtements cousus, anoraks et capuches, fabriquer des outres en cuir pour le transport de l'eau et plus tard des pirogues (kayaks).

De cette époque datent aussi l'invention du propulseur à sagaie qui accroît la force et la précision du jet, le harpon mobile et l'hameçon. L'invention de la lampe à graisse, taillée dans un bloc de pierre, permet à l'homme de s'éclairer et d'explorer les grottes.

Les premiers artistes

La fin du Paléolithique voit la naissance en Europe du premier art de l'humanité. Cherchant à représenter les animaux qu'il chasse, Cro-Magnon peint, grave ou sculpte les parois des cavernes. Il utilise des terres colorées (ocre, hématite, manganèse) et des charbons de bois, qu'il étale à l'aide de pinceaux et de tampons faits de mousses et de poils. L'homme de Cro-Magnon excelle également à sculpter ses armes et ses outils, mais aussi des objets sans utilité apparente : des statuettes féminines taillées dans l'os, l'ivoire ou la pierre.

Les armes de chasse
Les chasseurs magdaléniens utilisent essentiellement la sagaie et le harpon. Pour les lancer encore plus loin, ils ont recours à un instrument : le propulseur. Ce bâton comporte un crochet auquel on fixe de longues hampes de bois, terminées par les pointes de sagaies ou de harpons. Les chasseurs, par un mouvement du poignet, donnent une impulsion à leur arme qui se détache violemment.

1 Pointes de sagaie en ivoire et corne.
2 Harpons à un rang de barbelures (en bas) et à deux rangs (en haut).

Les propulseurs
3 La tête barbelée, parfois amovible, est fixée à l'extrémité de la hampe.
4 Les propulseurs sont souvent ciselés et représentent des animaux chassés. A) Chevreuil. B) Coq de bruyère. C) Bouquetin.
5 Le dessin ci-contre décompose le geste des Magdaléniens : le propulseur à sagaie est lié à leur poignet par une lanière de cuir. Les aborigènes australiens l'utilisent encore de nos jours.

◁ L'art pariétal

Il s'agit des représentations qui ornent les parois des cavernes.

6 Bison d'Altamira (Espagne).
7 Mammouth laineux, Dordogne (France).
8 Homme revêtu d'une peau de renne, Ariège (France).
9 Lampe à huile en grès, grotte de Lascaux, Dordogne (France). Elle remonte à 13 500 ans avant notre ère.
10 Représentations de rennes gravés sur un os.

▽ Les outils

11 Ciseaux en ivoire, vus de face et de profil.
12 A) Outil d'os, servant peut-être pour un type de vrille (B) encore en usage chez les Esquimaux. C) Tête de la vrille. D) Son mode d'emploi. E) Disque en os sans doute percé à l'aide d'une vrille.
13 Hameçons ? A) Leur mode de fixation probable à la ligne.
14 Deux modèles de bâtons percés décorés : ils servent à redresser les sagaies (A).

△ L'Europe glaciaire

Lors de la dernière grande période de froid, l'Europe est à moitié couverte de glaciers. La mer du Nord et l'Adriatique ne sont pas encore occupées par les eaux, dont le niveau est partout beaucoup plus bas qu'aujourd'hui. Le climat et la végétation sont proches de ceux que connaissent aujourd'hui l'Alaska ou la Sibérie. Vers 10000 av. J.-C., le climat se réchauffe, ce qui fait fondre les glaces et monter le niveau des eaux. Les points rouges sur la carte indiquent les principaux sites d'art paléolithique. A) Altamira ; B) Lascaux ; C) Pincevent.

La nourriture

Le diagramme (en bas au centre) indique la quantité de nourriture nécessaire aux Magdaléniens du Nord de la France et d'Allemagne. Il est bâti sur le principe que chaque personne a besoin de 100 rennes par an pour pouvoir survivre ; que 100 rennes exigent 60 km^2 de pâtures ; qu'une famille comprend en moyenne 5 personnes. Aussi chaque famille aurait-elle eu besoin de 500 rennes, soit d'un territoire de chasse de 300 km^2 environ. Les carrés de la grille représentent les 300 km^2, les points du haut les 500 rennes, les 5 points du bas la famille et le cercle le rayon d'action journalier des chasseurs. Le renne représente à lui seul 80 p. 100 du gibier chassé mais les ressources varient avec les sites et les régions, depuis la perdrix jusqu'au bison.

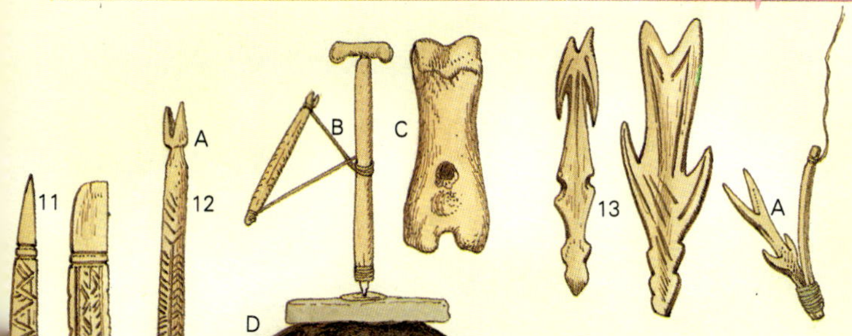

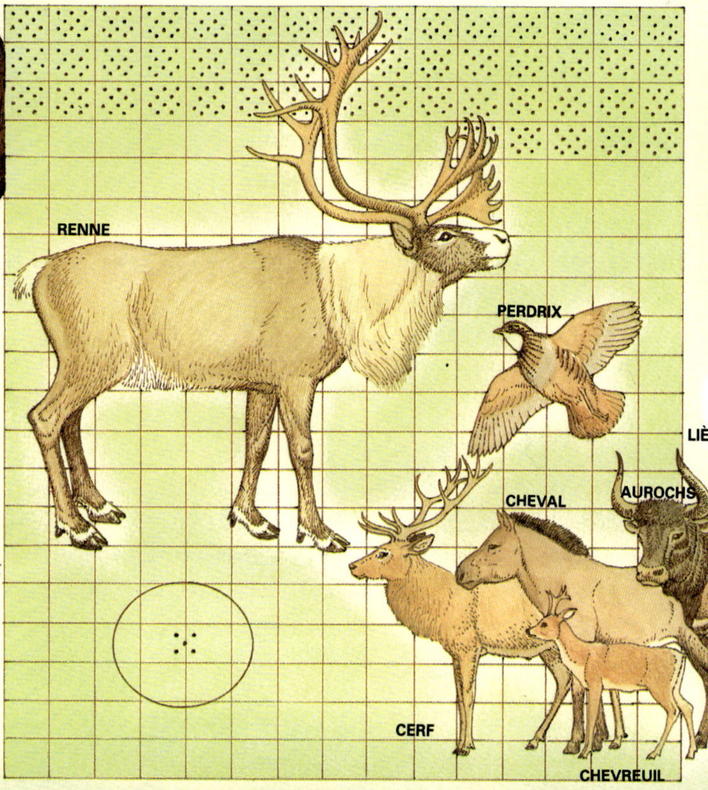

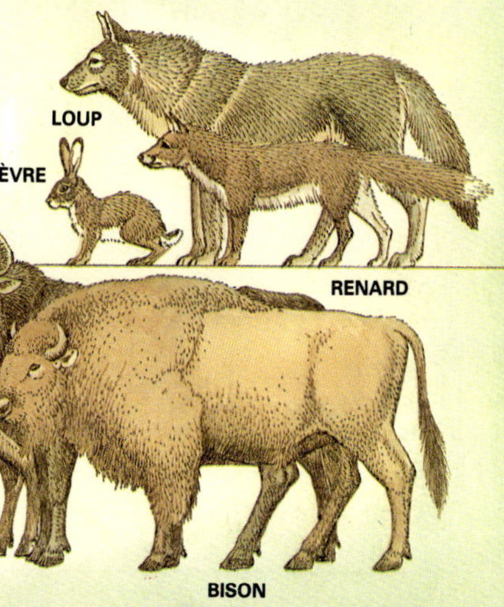

Le Mésolithique : l'âge des grandes inventions

Au Xe millénaire, le climat commence à se réchauffer. Il devient plus doux et plus humide. Les glaciers en fondant reculent et laissent apparaître de nouvelles terres. Le niveau des mers s'élève sensiblement. C'est l'âge intermédiaire de la pierre, le Mésolithique, entre le Paléolithique et le Néolithique (10000-6000 av. J.-C.).

La flore et la faune évidemment se modifient. Lichens et mousses de la toundra ne subsistent plus que dans le Grand Nord. Des Pyrénées au Danemark, de grandes forêts de chênes, d'ormes, de tilleuls et de noisetiers remplacent les bois de sapins et de bouleaux. Au sud des Pyrénées, dans les régions méditerranéennes de France et d'Italie, dominent la pinède et les steppes herbeuses. Les grands troupeaux de rennes émigrent au nord de la Baltique. Mammouths, rhinocéros laineux et ours des cavernes disparaissent progressivement. Cervidés, bovidés (cheval, aurochs), moutons, sangliers, loups, rongeurs (castors, lièvres) et oiseaux de toutes espèces les remplacent.

L'homme lui-même est contraint de s'adapter à ces nouvelles conditions climatiques. Son alimentation, son outillage et son art évoluent pour lui permettre de subsister. Un nouveau mode de vie s'ébauche. Les nombreuses découvertes techniques font du Mésolithique une période cruciale dans l'histoire des civilisations humaines.

Un nouveau mode de vie

Il fait plus chaud, la nourriture est abondante, l'homme peut donc abandonner les grottes et vivre en plein air dans un milieu privilégié. Il dresse des campements de huttes, de tentes et de cabanes. Ces habitations n'ont pas laissé de traces, sauf les cercles de pierres qui les entouraient, notamment en Yougoslavie (Lepenski Vir) ou en Grande-Bretagne (Star Carr).

L'homme du Mésolithique est resté chasseur mais il s'adonne de plus en plus à la pêche en mer et en eau douce, s'équipant de pirogues construites en peaux, en écorces, ou creusées dans des troncs d'arbre. Il consomme des coquillages qui pullulent le long des côtes — bernicles, bigorneaux, moules, huîtres —, ramasse les escargots, fait la cueillette des fruits et des plantes comestibles. Bientôt il domestiquera des animaux sauvages : le mouton, la chèvre ou le chien.

△ **Les habitations au Mésolithique**
Les tentes de peau devaient être le type d'habitation le plus répandu chez les peuples mésolithiques de l'Europe du Nord. D'après les vestiges retrouvés sur plusieurs sites, elles devaient être rondes, comme celles des Lapons.

Les vêtements
Les peintures rupestres de l'est de l'Espagne nous ont fourni de précieuses indications sur les vêtements et les modes de vie.

1 Silhouettes féminines (peinture rupestre à Cogul, Espagne).
2 Vêtements d'une femme de l'Europe mésolithique (reconstitution).
3 Chasseur armé d'un arc et de flèches (gorges de Gasuna, Espagne).
4 A) Groupe de chasseurs (Agua Amargua). B) Chasseur (El Sacans).
5 Scène de chasse (reconstitution). Les hommes portent des culottes en peau, des coiffes de plumes et des ceintures ornées de queues d'animaux. Un chien domestique les accompagne.

1

2

3

4A

5

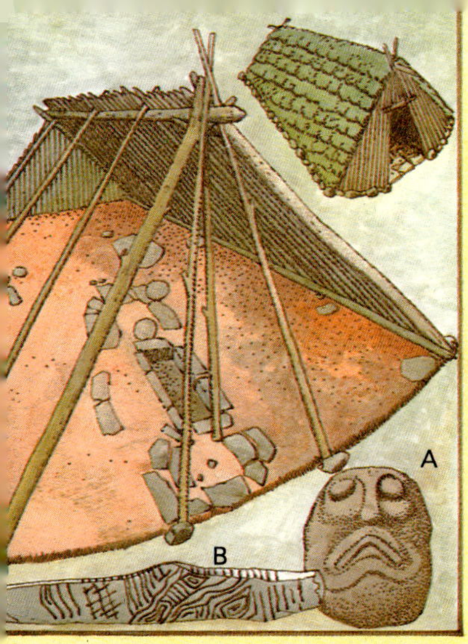

▷ **L'Europe au début du Mésolithique**
Le climat plus chaud a permis le développement de la forêt et provoqué une élévation générale du niveau des mers. Les basses terres (en jaune) ont été progressivement submergées par les eaux. Vers 6000, la Grande-Bretagne est devenue une île. Les points rouges indiquent les principaux sites mésolithiques. 1) Starr Carr. 2) Klosterlund. 3) Ofnet. 4) Tardenois. 5) Sites de peintures rupestres d'Espagne orientale. 6) Lepenski Vir. 7) Mas d'Azil. 8) Arène Candide.

△ **Un habitat permanent**
Certaines tribus mésolithiques ne sont pas nomades et vivent dans des sites permanents, tel celui de Lepenski Vir situé sur un plateau longeant le Danube (Yougoslavie). Les pêcheurs occupent plusieurs huttes de bois en forme de trapèze, dont le sol pavé est creusé de grands foyers ; ils y fument probablement du poisson. Mais ils ne se consacrent pas seulement à la pêche : ils sculptent de curieuses têtes de pierre (A) et gravent des pierres plates (B). Peut-être celle qui est représentée ici leur servait-elle à assommer le poisson pris dans la nasse.

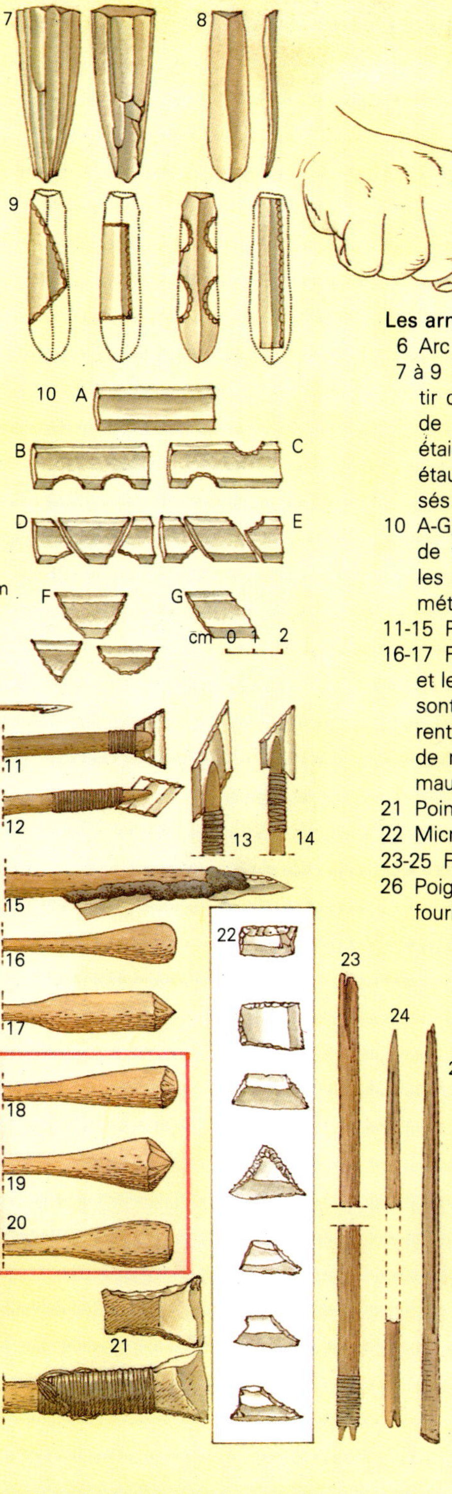

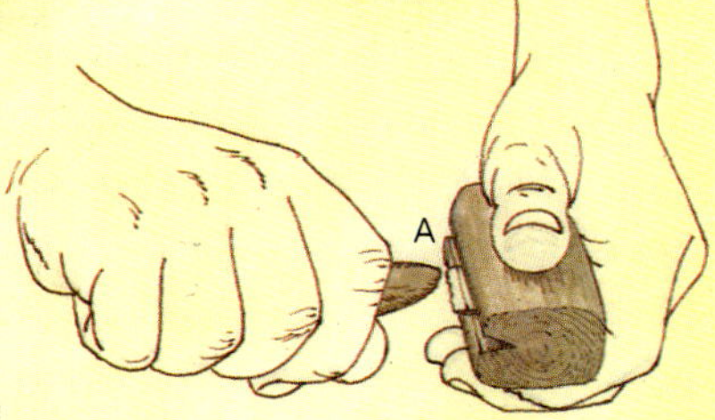

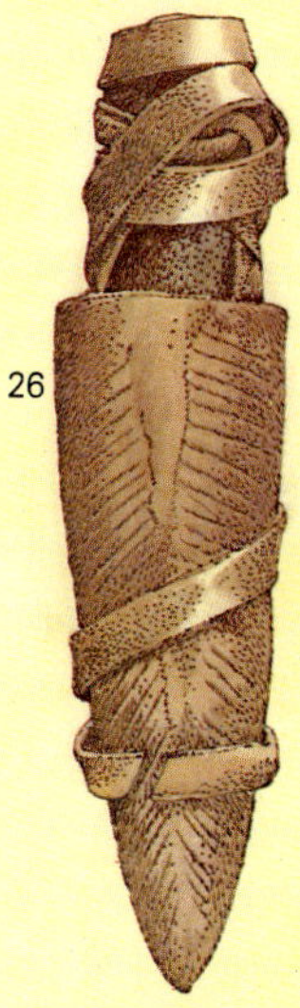

Les armes des chasseurs
6 Arc en bois d'orme.
7 à 9 Microlithes. Taillés à partir de lames subdivisées en de minuscules éclats, ils étaient maintenus dans un étau en bois (A), puis aiguisés par retouche.
10 A-G) Différentes techniques de fragmentation de lamelles : les formes sont géométriques.
11-15 Pointes de flèche.
16-17 Flèches pour les oiseaux et le petit gibier ; les pointes sont émoussées. Elles diffèrent peu de celles utilisées de nos jours par les Esquimaux (18-20).
21 Pointe de flèche (Danemark).
22 Microlithes (Afrique).
23-25 Fragments d'arcs.
26 Poignard en silex dans son fourreau de cuir.

Les découvertes techniques s'intensifient

L'outillage lui-même s'adapte aux nouvelles conditions climatiques. L'homme du Mésolithique met au point des outils en silex taillé, de très petites dimensions (5 à 10 mm), les *microlithes*. De forme géométrique, ils servent de pointes pour les flèches ou, insérés dans des manches en bois, forment l'extrémité tranchante des harpons, sagaies, couteaux ou faucilles. Cette nouvelle technique permet de remplacer les silex ébréchés sans avoir à jeter l'outil. L'usage de l'arc et des flèches suit l'intensification de la chasse au petit gibier et aux oiseaux. Les premiers bûcherons et charpentiers inventent la hache et l'herminette, le tranchet, le pic et le ciseau à bois.

Les pêcheurs disposent également d'un arsenal de pêche complet : des harpons, des lances, des lignes de fond avec hameçons, lest en pierre et flotteurs en bois, des nasses et des filets en fibre végétale.

L'art mésolithique

L'art se transforme et ne se pratique plus exclusivement dans les grottes. L'art animalier n'a pas disparu mais l'artiste du Mésolithique reproduit aussi des formes humaines. Les représentations schématiques de chasseurs maniant l'arc et l'épieu abondent sur les roches et falaises en Europe ou en Afrique. Certaines mettent en scène des femmes qui dansent et des hommes qui guerroient. En Scandinavie, les chasseurs gravent des silhouettes de cerfs sur la roche. Ils travaillent l'ambre, les coquillages, réalisent de petites statuettes d'animaux et décorent des objets personnels.

Le site de Star Carr

Un exemple typique de l'évolution de la « civilisation » mésolithique est le site de Star Carr, en Angleterre (Yorkshire). Des chasseurs y édifient vers 7500 av. J.-C. des tentes de peaux sur une plate-forme en troncs de bouleau, à proximité d'un étang. Ils chassent l'élan, le cerf, l'aurochs, le sanglier, le chevreuil et de nombreux oiseaux. Leur matériel de pêche est complet : arcs et flèches, lances et hameçons accompagnent des filets de fibres végétales munis de flotteurs en écorce et de lests en pierre. Ils ne se contentent pas de ces ressources animales, ils y ajoutent la cueillette des fruits et des graines récoltées dans les environs.

La pêche

1 Nasse en osier (Danemark). Des nasses de ce type sont encore en usage en Suède pour la capture du saumon.
2 Fragment de pagaie (Star Carr).
3 Tête d'herminette à lame de silex, fixée dans une gaine de bois et emmanchée. Cet outil servait à creuser des embarcations dans des troncs d'arbre.

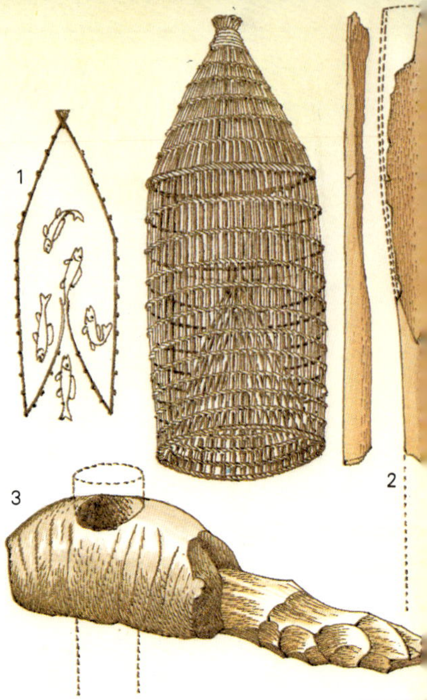

▽ **Une scène de pêche (reconstitution)**
De nombreux sites sont édifiés le long des rivières et des lacs. L'arc sert aussi bien à chasser le poisson que le gibier, abondant autour des points d'eau. Le pêcheur propulse à la pagaie son canot creusé dans un tronc d'arbre.

4-6 Des têtes de harpon à barbelures, en bois de renne, accrochent ou déchirent la chair de la proie.
7-8 Différents modes de fixation de lames sur un manche à l'aide de lanières.
9 Hameçon en os ; on le plaçait sur un appât (A).
10 Fabrication d'un hameçon à partir d'une coquille.
11 Harpons barbelés, garnis de minuscules éclats de silex.
12 Harpons aziliens (France). Ce sont les plus perfectionnés : à la différence des autres (A-C), ils ne glissent pas hors de la plaie (D-E).

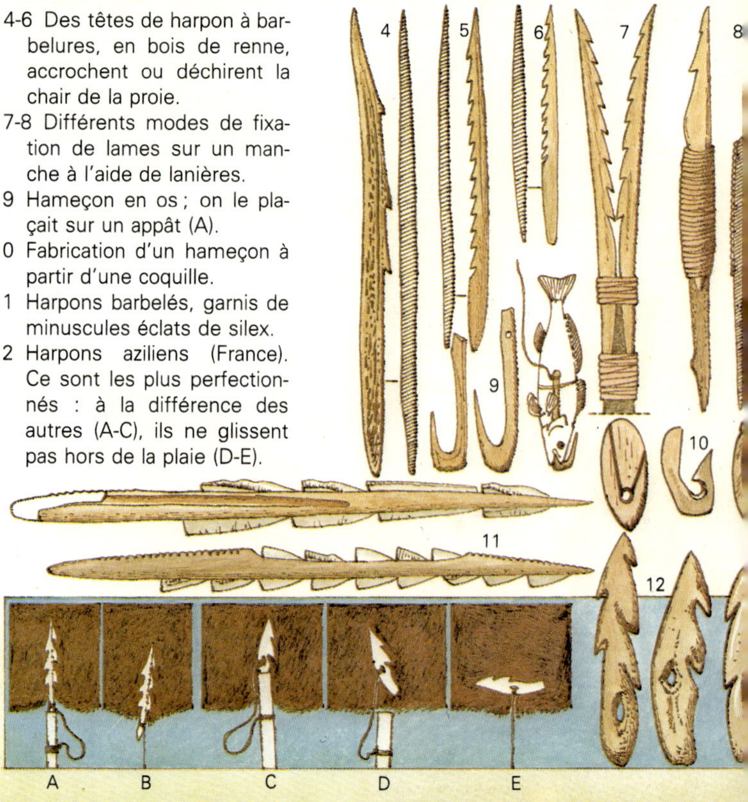

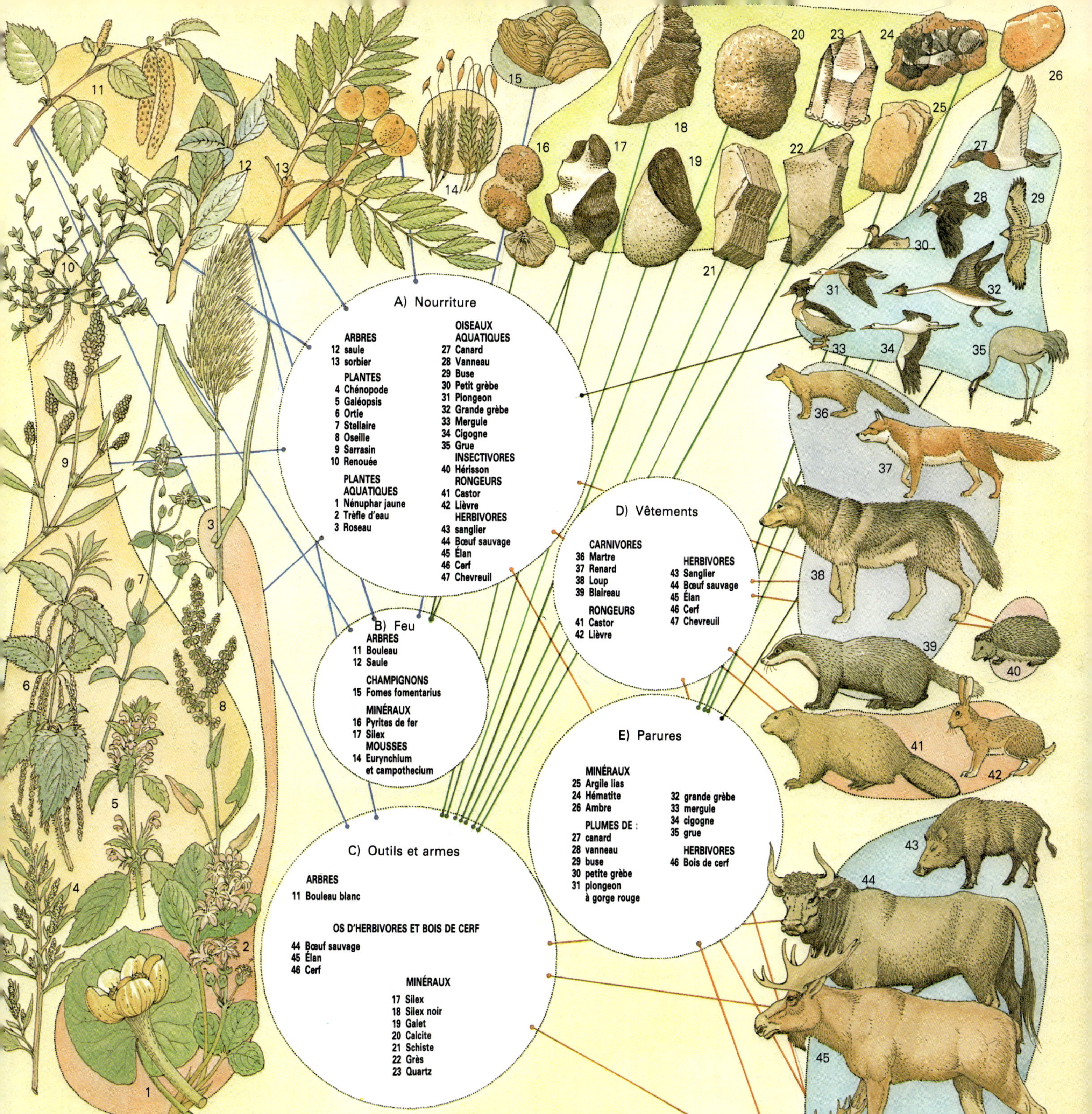

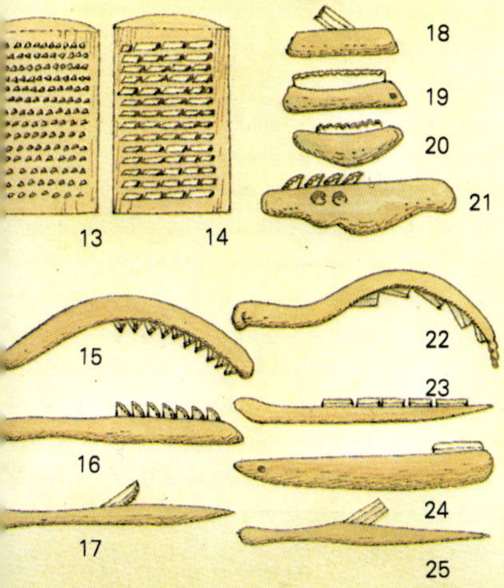

◁ **L'outillage**

Les hommes du Mésolithique découvrent les outils constitués de silex ou d'os emmanchés. Leurs lames sont faites de nombreux éclats de silex interchangeables : c'est un progrès considérable par rapport aux outils du Paléolithique, inutilisables une fois usés ou ébréchés.

13-14 Râpes hérissées de dents en silex.

15-16 Faucilles aux silex finement dentés, enchâssées sur une armature.

17 à 25 Différentes façons d'utiliser les pointes de silex sur un support de bois.

△ **Star Carr et ses ressources naturelles**

Toutes les ressources animales, minérales et végétales représentées ci-dessus sont utilisées par les hommes du Mésolithique à Star Carr (Yorkshire). La plupart des plantes présentes sur cette planche existent toujours en Angleterre. Les oiseaux aussi, la cigogne et la grue exceptées. Pour les grands animaux, le tableau est différent : le bœuf sauvage, l'élan, le castor et le sanglier ont disparu depuis des siècles des collines du Yorkshire.

Les premiers agriculteurs

Entre 8 000 et 5 000 ans avant notre ère, les hommes adoptent un nouveau mode de vie : de chasseurs-collecteurs, ils deviennent producteurs de nourriture puisqu'ils pratiquent l'agriculture et l'élevage. Cette évolution, qui s'est faite en moins de deux millénaires, change la vie de l'homme plus profondément que les deux millions d'années précédentes. Aussi peut-on parler de *révolution néolithique*.

L'âge de la pierre polie

Au siècle dernier, les historiens adoptent le terme de *Néolithique* (de deux mots grecs qui signifient : pierre nouvelle) pour désigner cette période, car outils et armes sont en pierre finement polie.

Le Néolithique, c'est l'âge où l'homme domestique les animaux, pratique l'agriculture, invente la poterie et s'installe sur un territoire fixe où se créent des villages. Toutes les populations ne connaissent pas ce type de civilisation en même temps.

L'homme devient agriculteur et éleveur

Le Néolithique est né sur les hauts plateaux du Proche-Orient (cf. carte p. 21) dans une région du monde où les conditions climatiques sont particulièrement bien réunies. Il s'étend en un arc de cercle de 2 000 kilomètres des côtes orientales de la Méditerranée jusqu'au nord du golfe Persique en passant par les vallées du Tigre et de l'Euphrate où poussent plusieurs variétés sauvages de blé et d'orge.

Les paysans se contentent d'abord de les récolter régulièrement ; peu à peu ils se mettent à les cultiver : ils ont compris qu'en semant des graines, celles-ci germent et produisent d'autres graines. C'est un progrès fondamental. Puis ils procèdent par essais pour sélectionner les épis.

Reconstitution du village de Karanovo (Bulgarie) et de ses différentes activités.

Un village néolithique

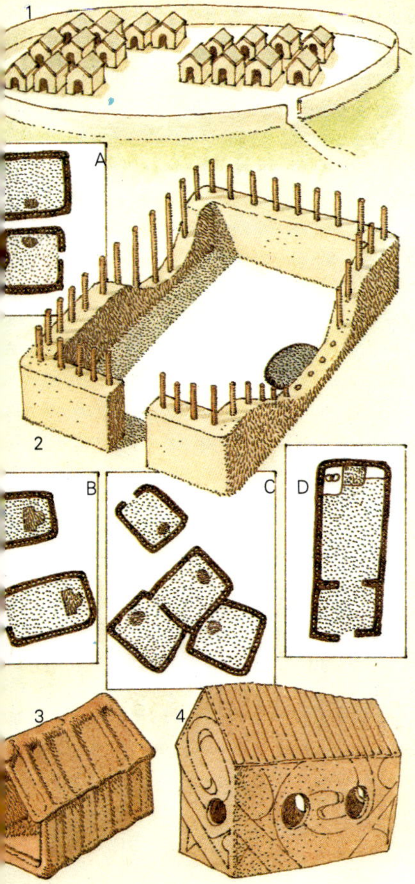

1 Plan du village de Karanovo en Bulgarie (6000 av. J.-C.).
2 Chaque maison mesure environ 4 mètres de large sur 8 de long. Les murs, épais, sont en bois et en torchis. Les plans se modifient légèrement au fur et à mesure des nombreuses reconstructions du village (A à D).
3-4 Maisons en argile de Strelica (Tchécoslovaquie) et de Kodza (Hongrie). Ces deux modèles datent de 4000 ans av. J.-C.
5 Spatule ou cuiller en os d'Azmak (Bulgarie).
6 Outil en os d'usage encore inconnu.
7 Trois tranchants de hache (face et profil) en pierre polie d'Azmak et Bikova (Bulgarie).
8 Faucille à lames en silex. Les dents très fines sont enchâssées dans un bois de cerf (A).
9 Peson d'argile (Hongrie).
10 Lampe d'argile (Azmak).
11 Grand vase d'argile orné de motifs peints (Banjata, Bulgarie).
12 Vase d'argile (Azmak).
13 Statuette féminine en argile polie ; symbole de la fécondité ?
14 Vase orné d'une face humaine (Azmak).

Le village de Karanovo abrite une communauté fort active d'agriculteurs. La scène ci-dessous a été reconstituée d'après les vestiges mis au jour sur le site.

La poterie

Le site de Karanovo et sa région nous ont livré des vases fabriqués avec une parfaite maîtrise technique et artistique. Cependant, avant l'invention du tour de potier (4000 av. J.-C.), les premiers vases sont faits de longs boudins de glaise enroulés sur eux-mêmes. Puis les parois sont lissées. Après séchage au soleil, les récipients sont placés dans un trou peu profond, couverts de bois et cuits dans un grand feu. Beaucoup de vases se brisent ou se fêlent durant la cuisson.

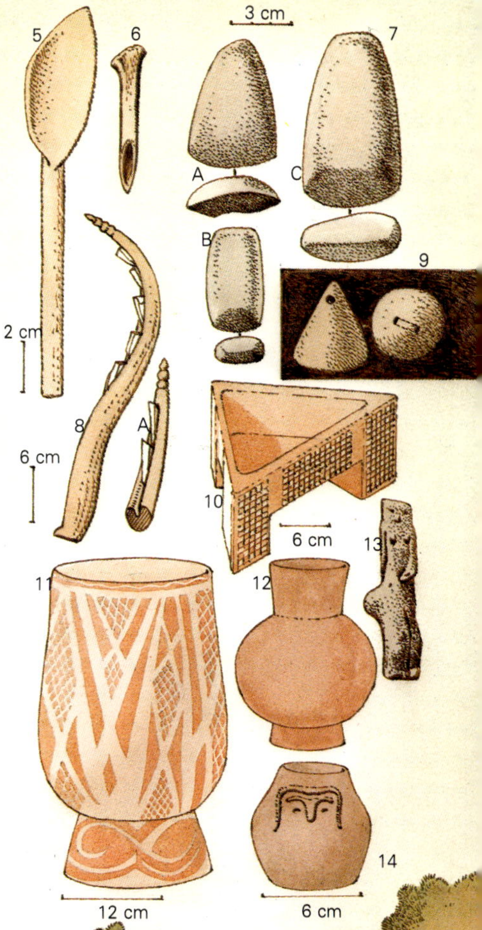

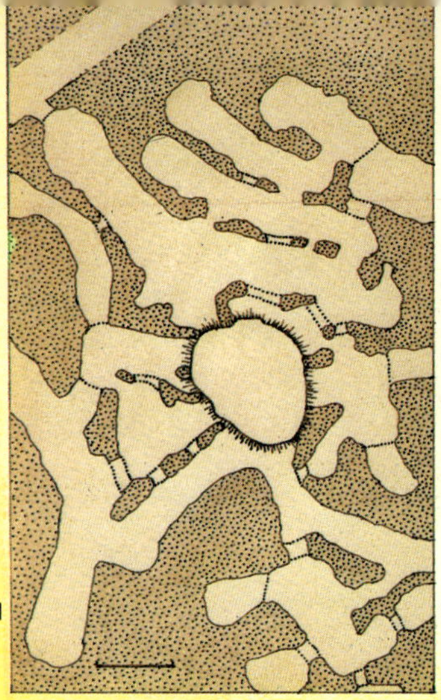

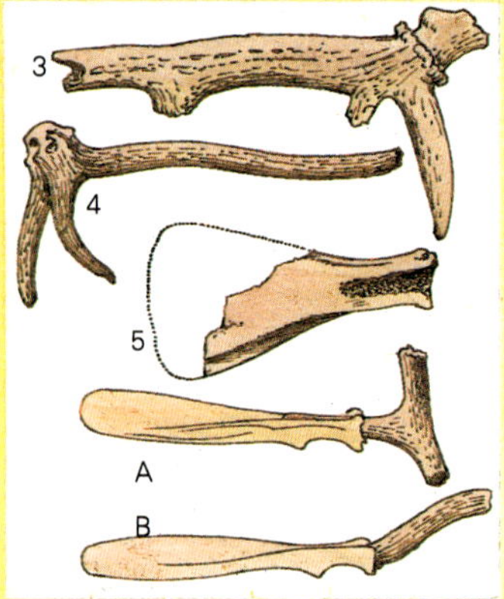

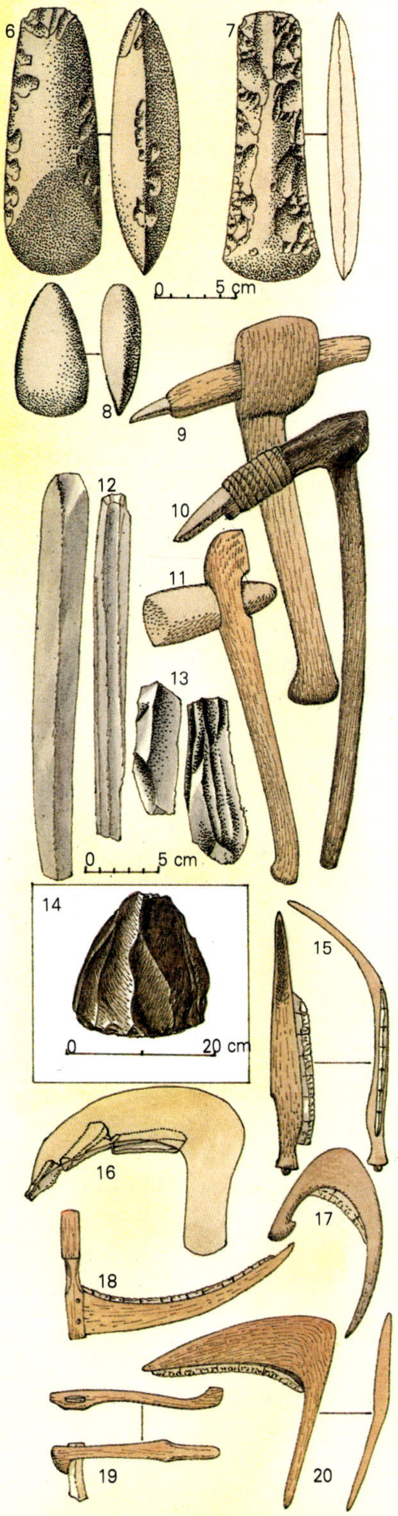

Les mines de silex et les outils
Le silex est une matière première essentielle dans l'Europe néolithique.

1 Mines de silex de Grimes Graves en Angleterre. Les galeries creusées sont accessibles par un puits central.
2 Extraction du silex. Elle se fait à l'aide d'herminettes en bois de cerf.
3 Herminette (Grimes Graves).
4 Fourche à deux dents (Worthing, Sussex).
5 Une omoplate sert de pelle. Deux façons de l'emmancher (A-B).
6-8 Trois types de haches en pierre (face et profil).
9 Hachette. Le tranchant était fixé dans une gaine de bois, elle-même emmanchée.
10 Manche de hache fabriqué à partir de racines d'arbres.
11 Autre type d'emmanchement.
12 Fines lames de silex.
13 Microlithes de silex.

L'obsidienne
L'obsidienne est une pierre volcanique, que l'on trouve dans le sud et l'est de l'Europe. Comme le silex, elle est exploitée au Néolithique.

14 Le plus gros nucléus d'obsidienne jamais trouvé.
15-20 Différentes faucilles à lame d'obsidienne.

De même, chèvres, moutons, bœufs musqués et taureaux sont d'abord des animaux sauvages que les hommes apprennent progressivement à domestiquer. Les premiers troupeaux sont constitués de chèvres et de moutons élevés pour leur chair. Sûrs de pourvoir à leur nourriture, les hommes alors se multiplient ; le peuplement du monde commence à s'accélérer.
La « révolution néolithique » est diffusée par l'arrivée de nouvelles peuplades en Europe. Elle atteint progressivement la France entre 6000 et 3000 av. J.-C. Pour cultiver la terre, les hommes alors détruisent la végétation naturelle. Ils défrichent, retournent la terre et font reculer la forêt.

A nouveaux outils...
Pour répondre aux nouveaux besoins, de nouveaux outils sont inventés : tranchets et haches de pierre polie pour défricher ; herminettes, bâtons à fouir et houes pour travailler la terre ; faucilles à lames de silex emmanchées pour moissonner ; meules en pierre pour broyer les grains.
Le silex devient si nécessaire qu'il finit par être exploité de façon industrielle. Pour trouver un silex de bonne qualité, l'homme n'hésite pas à creuser des puits de mine jusqu'à quinze mètres de profondeur. Les mineurs se servent de pics formés de bois de cerf. Le silex extrait de mines situées en France, en Belgique ou en Grande-Bretagne alimente de larges secteurs de l'Europe du Nord. L'homme apprend, autour de 3000 av. J.-C., au Proche-Orient, à faire fondre le cuivre pour le mouler.

...nouveaux métiers
Les hommes améliorent les anciennes techniques artisanales, la vannerie par exemple et, en développent de nouvelles, tels le filage ou la poterie.
Les premières poteries connues, trouvées en Syrie, en Turquie et en Grèce, datent de 6000 av. J.-C. Elles permettent de conserver les produits agricoles et de cuire les aliments. Façonnés à la main, les récipients se composent d'anneaux d'argile empilés les uns sur les autres jusqu'à la hauteur désirée, puis lissés. Séchés au soleil, les récipients sont souvent ornés de motifs géométriques peints ou gravés à l'aide de poinçons d'os ou de bois, avant d'être cuits dans un grand feu.
Avec la laine des chèvres et des moutons, qu'ils filent et tissent, les hommes apprennent également à confectionner des vêtements.

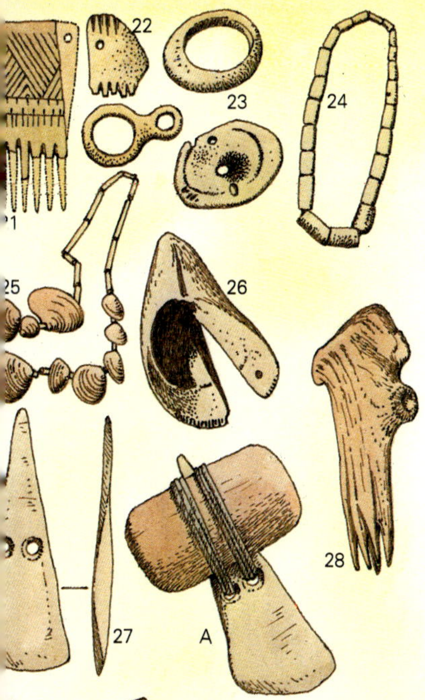

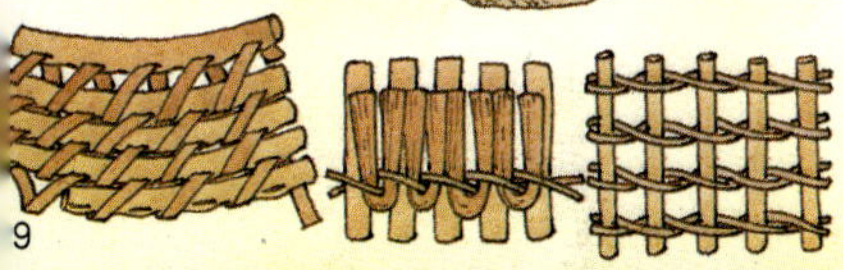

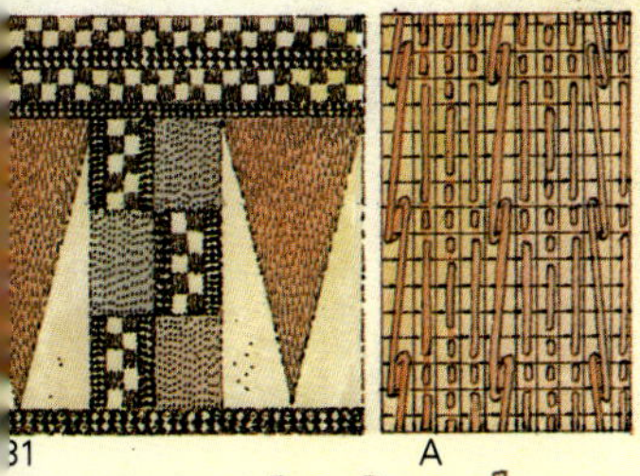

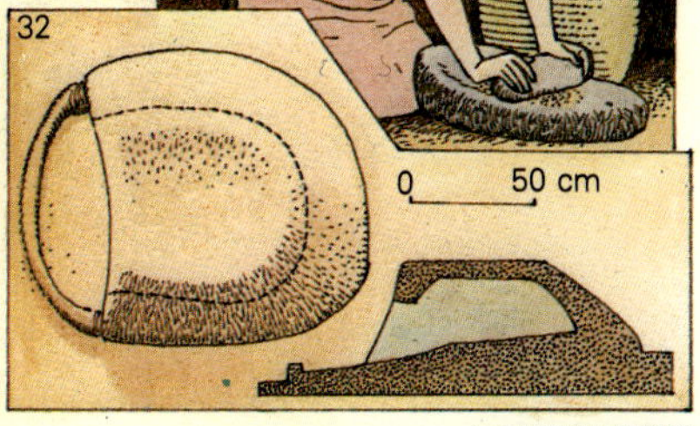

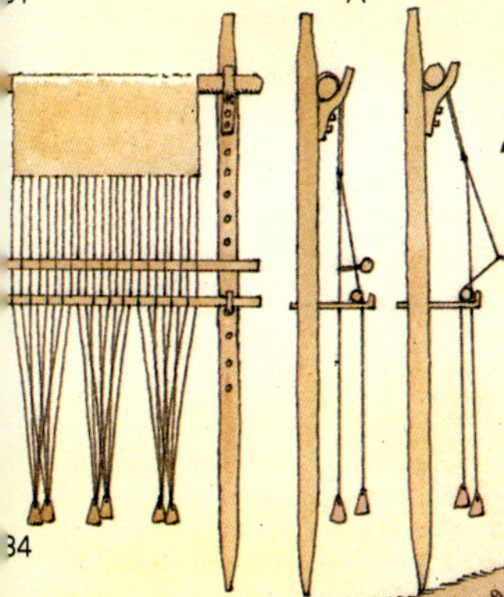

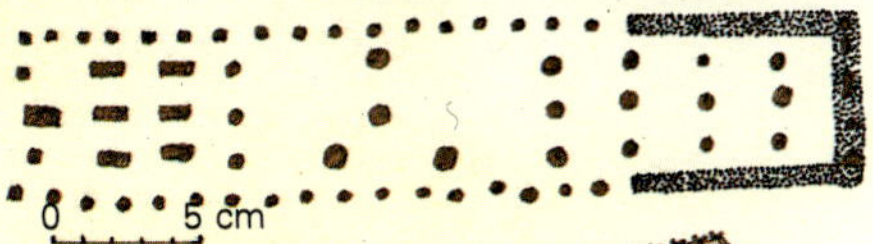

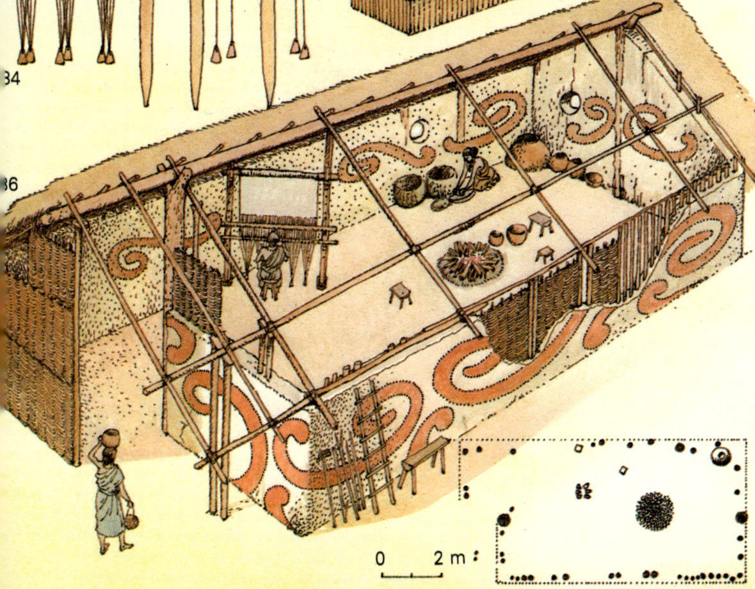

▷ L'extension de l'agriculture en Europe

1 Berceau du blé « épeautre ».
2 Berceau du blé « emmer ».
3 Berceau de l'orge sauvage.
4 Communautés d'agriculteurs antérieures à 6000 av. J.-C.
5 Civilisations balkaniques (Karanovo) 6000-5000 av. J.-C.
6 Civilisations danubiennes 5000-4000 av. J.-C.
7 Civilisations méditerranéennes 6000-5000 av. J.-C.
8 Civilisations campigniennes 4000-3000 av. J.-C.
9 Civilisation dite des gobelets en entonnoir 4000-3000 av. J.-C.
10 Civilisation de Boian 4000-3000 av. J.-C.
11 Civilisation de Tripolye 4000-3000 av. J.-C.

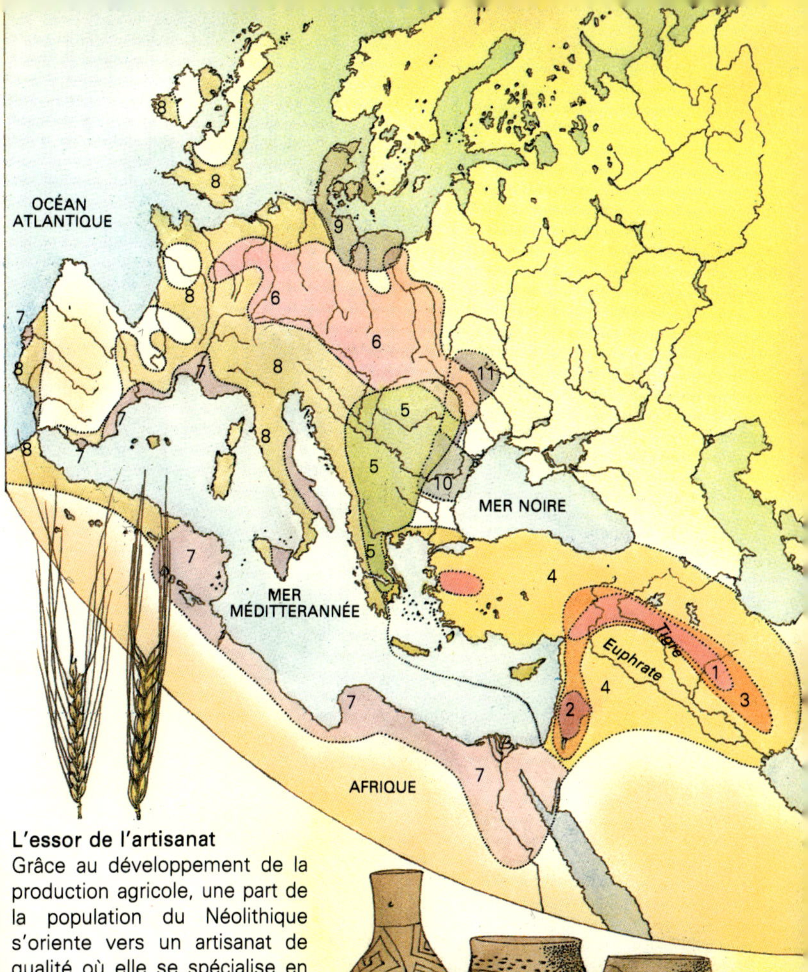

▷ Les premiers épis du blé (à droite) et de l'orge sauvage (à gauche)

L'essor de l'artisanat

Grâce au développement de la production agricole, une part de la population du Néolithique s'oriente vers un artisanat de qualité où elle se spécialise en métiers.

21-22 Peignes en os (Balkans).
23 Pendentifs.
24-25 Colliers de coquillages.
26 Coquillage d'ornement.
27 Racloir pour le travail des peaux, vu de face et de profil. A) Son manche et sa fixation.
28 Peigne en bois de cerf pour le travail des peaux.
29 Trois types de vannerie.
30 Trois types de filets de pêche trouvés au Danemark et en Suisse.
31 Broderie (Suisse). Les points dont elle est faite (A).
32 Coupe d'un four à pain.
33 Femme broyant des graines avec une meule à bras.
34 Métier à tisser.
35 Reconstitution d'une « maison longue » danubienne (Pays-Bas).
36 Reconstitution d'une maison découverte en Hongrie.
37-39 Céramique danubienne à décor incisé.
40 Vase peint (Yougoslavie).
41-42 Vases à décor incisé et appliqué (Yougoslavie).
43 Statuette féminine.
44-45 Deux vases cuits à la flamme.
46 Coupe à anse à tête d'animal.
47 Vase en argile à col carré.
48-50 Mobilier miniature (argile).
51 Statuette au panier.
52 Vase peint (Roumanie).
53 Four à céramique en argile.

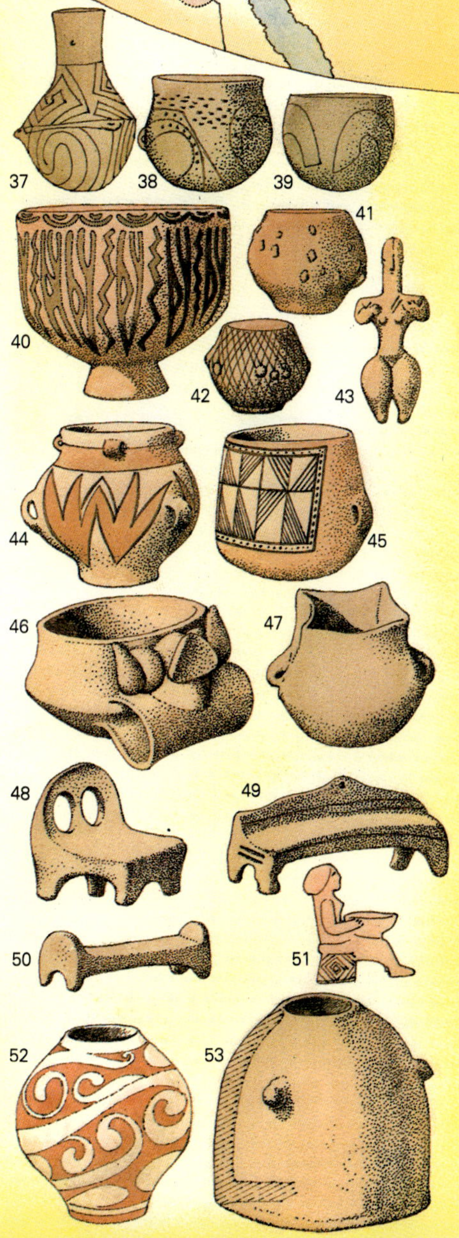

Çatal Höyük : une cité préhistorique

C'est au Proche-Orient que sont nées les premières villes. Çatal Höyük, en Turquie, est la première ville fortifiée du Proche-Orient. Avec Jéricho, en Palestine, c'est la plus grande cité préhistorique découverte à ce jour. Elle a connu son plein épanouissement au VIIe millénaire avant notre ère. Établie dans la plaine du Konya au sud de l'Anatolie, Çatal Höyük était une ville prospère, dont seule une faible partie a été jusqu'ici mise au jour. Douze niveaux d'habitation au total ont été dégagés. Les plus anciens datent de 6385 av. J.-C. A cette époque, la cité s'étend déjà sur plus de 15 hectares. Au sommet de sa gloire, la ville devait compter un millier de maisons pour une population totale de 6000 à 7000 habitants.

Une cité sans rues

Les maisons de forme rectangulaire n'ont qu'un niveau. Elles sont faites de briques crues façonnées à la main et séchées au soleil. Des ouvertures pratiquées au sommet des murs servent de fenêtres. Les rues n'existant pas (les maisons sont collées les unes aux autres), on circule par les toits en terrasse. C'est donc par des ouvertures aménagées dans le toit et des échelles que l'on rentre dans les maisons. Des incendies ravagent la ville à plusieurs reprises. Le feu rend les murs si durs qu'il faut reconstruire par-dessus les pièces et les cours détruites après les avoir comblées de détritus et de débris divers : restes de poterie, déchets alimentaires, outils...

Les maisons bâties mur contre mur, sans ouverture, forment un ensemble compact, facile à défendre contre les attaques d'un ennemi éventuel. Il suffit de retirer les échelles qui font communiquer la cité avec l'extérieur. Ainsi les habitants n'ont pas besoin d'édifier de hautes murailles de pierre bordées d'un fossé comme à Jéricho.

Objets et peintures de la vie quotidienne à Çatal Höyük

1 Peinture murale : tête d'un homme mort.
2-4 Chasseur vêtu d'une peau de léopard (peinture murale), reconstitué en 3 et 4.
5 Agrafe et fermoir en or.
6 Boucle en os poli.
7 La cuisson des brochettes.
8 Attache de ceinture.
9-11 Agrafes et fermoirs de ceinture en os poli.
12 Bagues en os évidé.
13 Fourchette en os.
14 Passe-lacet en os (instrument de vannerie).
15 Spatule en os.
16-17 Cuillers en os.
18-23 Bracelets et colliers en pierres polies.
24 Collier fait d'une défense de sanglier ciselée.
25 Statuette féminine en argile vêtue d'un corsage en léopard et d'une jupe en laine. A) Reconstitution.
26 Miroir d'obsidienne polie.
27 Coquillage contenant les restes desséchés d'un cosmétique à base d'ocre rouge et de graisse animale.

La première ville préhistorique ?

28 Reconstitution de la ville de Çatal Höyük (niveau VI), telle qu'elle devait être vers 6000 av. J.-C. Les maisons, complètement accolées les unes aux autres, éclairées seulement par de petites fenêtres percées au sommet des murs et une lucarne sur le toit sont certainement très sombres. Faute de rues, on accédait aux maisons par les toits plats et par des échelles.

29 Peinture murale décorant un sanctuaire ; elle représente Çatal Höyük et ses maisons rectangulaires accolées. Au nord, le volcan Hasan Dag en éruption, visible de la ville.

30 Fabrication des briques. Les murs des logis et des sanctuaires sont en briques crues séchées au soleil, moulées à l'aide d'un simple cadre en bois.

31 Reconstitution de l'intérieur d'une maison de Çatal Höyük (niveau VI). Les pièces sont en général rectangulaires. L'aménagement intérieur, lui, est fonction de la disposition des fenêtres.

▷ **Les origines de la cité**

32 Les points indiqués sur la carte en haut à droite désignent quelques-unes des premières cités construites par l'homme. La plupart sont concentrées en Asie Mineure.

▷ **Plan d'un quartier de Çatal Höyük**

De nombreux sanctuaires (en rose) s'intercalent entre les maisons. On y accède aussi par les toits.

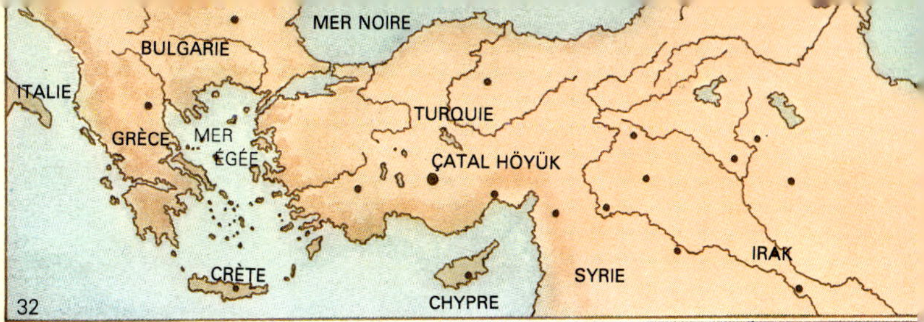

32

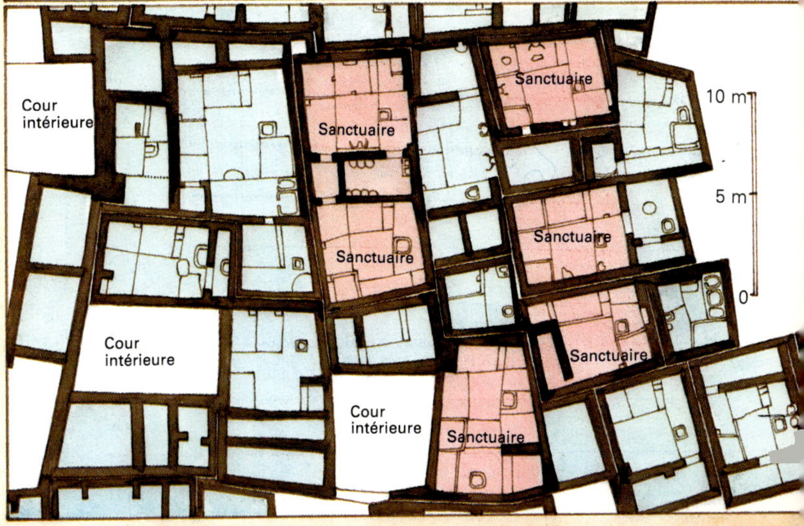

Çatal Höyük

28

30

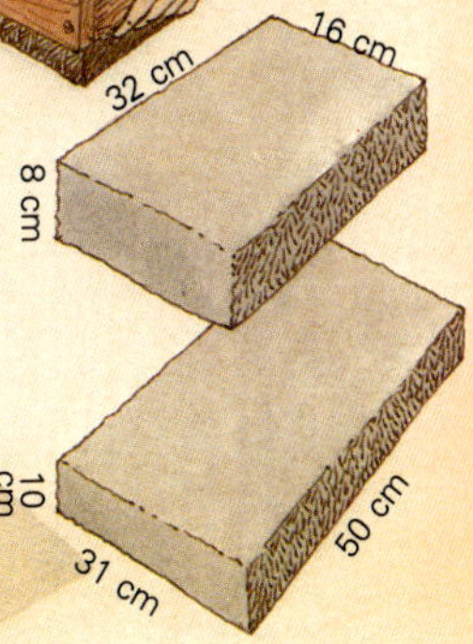

29

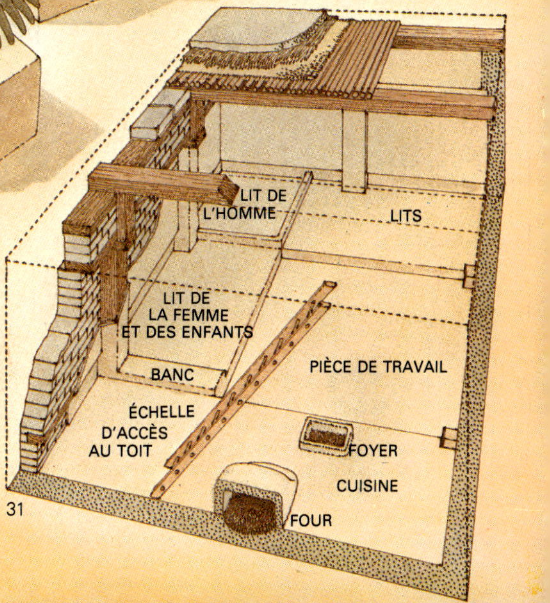

31

Le tissage des vêtements
1 Modèle de métier à tisser vertical.
2 Femme filant la laine.
3 Fuseau.
4 Certains métiers à tisser utilisés sont peut-être horizontaux, le tisserand étant accroupi. Les fils sont en laine, mais aussi en poil de chameau ou de chèvre.

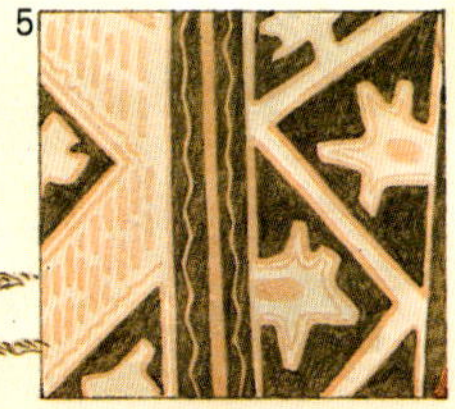

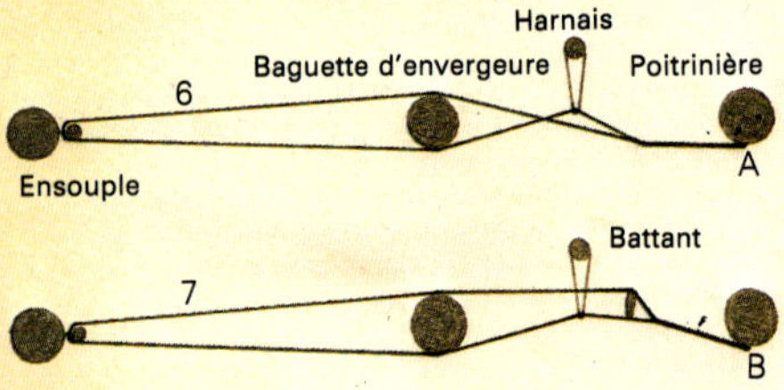

5 Motif d'un tissu (d'après une peinture murale). On le trouve souvent de nos jours sur les tapis turcs.
6-7 Ces schémas montrent comment fonctionnent les métiers à tisser horizontaux. Les fils pairs et impairs sont séparés par la baguette d'envergeure, avant de passer dans le harnais. Les fils de la trame passés horizontalement sont serrés à l'aide du battant.
8 De nombreux sceaux en argile cuite ont été exhumés à Çatal Höyük (niveau VI). Ils servaient sans doute à imprimer des motifs colorés sur les tissus des vêtements.

Une agriculture diversifiée

Autour de la cité, on cultive au moins trois variétés de blé, de l'orge et des pois. On fait pousser aussi des lentilles, des vesces et l'on pratique la cueillette des pistaches, des amandes, des noix, des pommes sauvages et des baies de genièvre. Les troupeaux de moutons et de chèvres fournissent l'essentiel de la viande et des produits laitiers, ainsi que la laine. Mais les habitants de la cité chassent encore le cerf, le sanglier, l'aurochs et le léopard. Ils savent fabriquer du vin et une sorte de bière.

Le développement des métiers

Çatal Höyük doit aussi sa prospérité au commerce et à l'artisanat. Habitations et sépultures mises au jour ont livré un riche mobilier qui prouve que la cité est parvenue à une culture raffinée. L'artisanat du silex et de l'obsidienne (une pierre volcanique) atteint la perfection. Extraite des volcans Hasan Dag et Karaça Dag, l'obsidienne sert à fabriquer des outils, des poignards et des miroirs. Son commerce s'est développé à travers tout le Levant (Chypre, Syrie, Liban). On l'échange contre du silex et des coquillages en provenance de Syrie et de la Méditerranée. Le silex, lui, sert à la confection des armes. Les coquillages pour les colliers et les parures, le marbre, la serpentine, l'aptite, venus aussi d'Orient, sont taillés par les joailliers. Ébénistes, tisserands, potiers, vanniers spécialisés... travaillent aussi avec ardeur et passion.

Des pratiques religieuses développées

De nombreux sanctuaires sont disséminés à travers la ville. On en a exhumé jusqu'à quarante. Rien ne les distingue des habitations, si ce n'est la décoration intérieure et le mobilier. Les murs sont ornés de têtes de taureaux ou de béliers enrobées de plâtre, de statues encastrées et de fresques aux motifs variés où dominent des vautours aux ailes démesurées, des hommes sans tête.

Les habitants de la ville adorent probablement une déesse-mère, déesse de la fécondité : une statue figure une divinité opulente accouchant sur un trône gardé par deux léopards. Les morts sont enterrés à l'intérieur des sanctuaires et des maisons entourés de jattes de bois, d'armes et de bijoux personnels, sous des stèles de plâtre. Auparavant, leurs restes ont été exposés au-dehors pour être blanchis par le soleil et les os nettoyés par les vautours.

Outils et ustensiles de cuisine

9 Poignard d'apparat en silex muni d'un manche en os en forme de serpent, trouvé dans la tombe d'un sanctuaire.

10 Deux lames de poignard en silex, écaillé d'un côté, lisse de l'autre.

11 Pointes de flèche caractéristiques, en obsidienne provenant des volcans d'Anatolie centrale, découvertes dans un sac posé à côté d'un mort.

12 Poignard en silex dans son fourreau de cuir, trouvé dans la réserve d'une maison.

13-14 Poteries noires polies (5900 av. J.-C., niveau VI).

15 Cruche peinte d'un dessin géométrique rouge appliqué sur un fond crème. C'est le début de la décoration peinte.

16 Pot.

17 Jarre à quatre pieds.

18 Pot à cuisson.

19 Plat de grès à bec, trouvé dans un sanctuaire. Fort rare, ce type de plat sert peut-être pour les offrandes aux dieux.

20-24 Différents objets de vaisselle en bois trouvés dans des tombes et des sanctuaires (5800 av. J.-C.).

25 Technique de vannerie utilisée à Çatal Höyük pour tresser les paniers : on enroule des gerbes de paille ou d'herbe que l'on lie ensuite ensemble. Les paniers servent à stocker les grains et aussi à enterrer les restes des morts.

26 Femme tressant un panier. Elle se sert d'un passe-lacet comme celui représenté (14) page 22.

Objets trouvés dans les sanctuaires

27 Statuette féminine d'argile peinte.

28 Statuette d'une « déesse-mère » en argile crue.

29 Statuette d'argile représentant une déesse accouchant entre deux léopards.

30 Statuette d'homme en marbre blanc. Assis, il porte un couvre-chef en peau de léopard.

31 Peinture murale représentant une scène de chasse. Cinq chasseurs à l'arc ont cerné une bête.

32 Peinture murale abstraite (niveau VI).

33 Deux léopards (bas-reliefs).

34 Vautour dépeçant un corps humain sans tête (peinture murale).

35 Taureau peint rouge (peinture murale).

36 Quatre têtes de taureaux en plâtre ornées de cornes véritables.

37 Tête de bélier, également réalisée en plâtre avec de vraies cornes.

38 Reconstitution d'un sanctuaire (niveau VI). Si l'architecture et la décoration des sanctuaires varient, ils sont tous ornés à l'intérieur de têtes de béliers et de taureaux. Les pièces sont agencées comme dans les maisons.

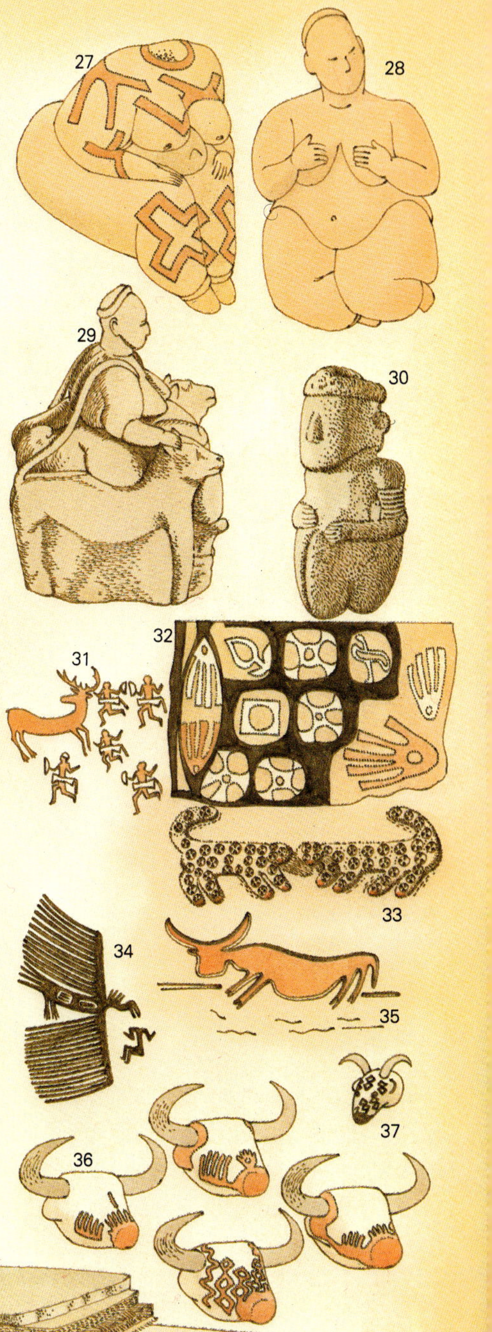

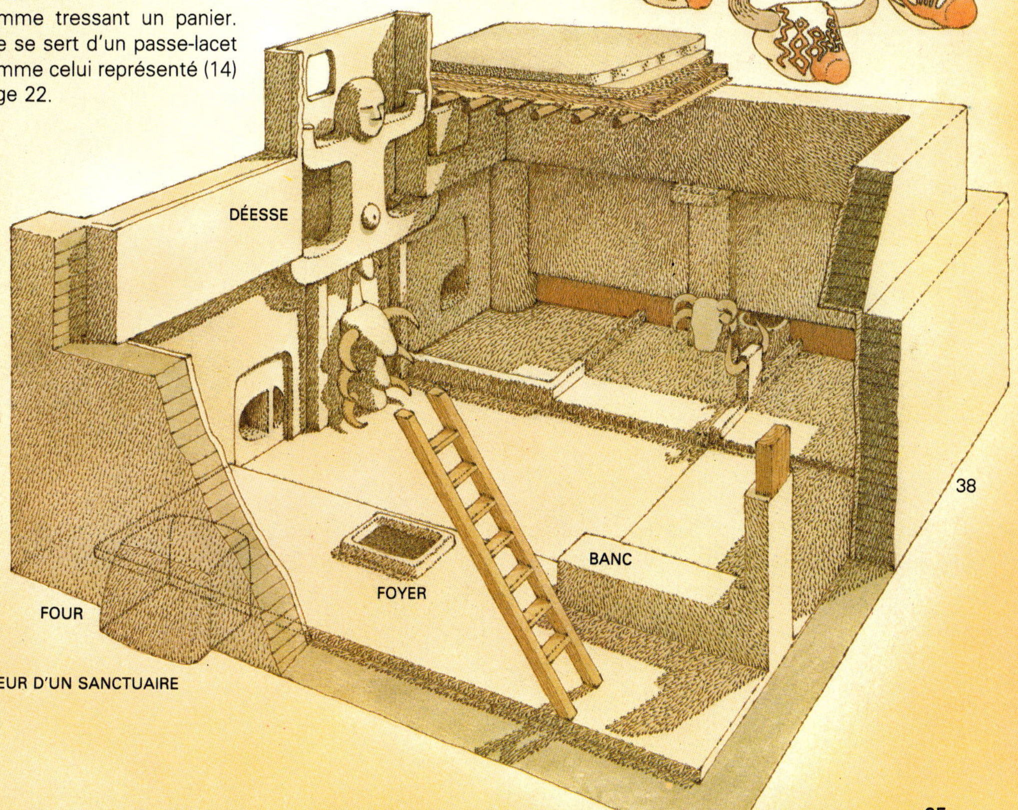

INTÉRIEUR D'UN SANCTUAIRE

Les peuples du Nord à l'âge des métaux

A la fin du IIIe millénaire, à l'apogée des civilisations néolithiques en Europe, une nouvelle technique fait son apparition : la métallurgie.
La technique de fusion du métal est née au Proche-Orient vers 6000-5000 av. J.-C. Auparavant, les métaux que l'on trouve à l'état naturel, comme le cuivre, l'or ou l'argent, étaient martelés à froid. C'est sans doute l'expérience acquise avec les fours à poterie qui a permis le passage à la véritable métallurgie. Les morceaux de minerai sont jetés dans des « hauts » fourneaux chauffés au bois et le métal en fusion est coulé dans des moules de pierre. Bientôt, l'homme découvre que l'alliage du cuivre et de l'étain, voire du plomb, produit un métal plus résistant, le bronze. Les conséquences en sont énormes. Le bronze (plus tard le fer) se substitue progressivement à la pierre dans la fabrication des armes et des outils. Les minerais sont recherchés, prospectés et échangés grâce au troc. C'est aussi à cette époque que le cheval est domestiqué et que la roue est inventée.

Les civilisations du bronze ancien
Partie du Proche-Orient, la civilisation du métal atteint l'Anatolie et la mer Égée à la fin du IVe millénaire, avant de gagner peu à peu l'Europe par la mer Méditerranée et le Danube, un millénaire plus tard. De grands centres du bronze se développent alors en Espagne et en Europe centrale, tel le site d'Unitrice, au sud de Prague (Tchécoslovaquie).
Cette civilisation, qui s'étend de la Bohême-Moravie à l'Allemagne centrale et méridionale et au nord de l'Europe, nous a livré une poterie élaborée, des armes finement décorées, de nombreux vestiges de tombes et d'habitations. De plan généralement rectangulaire (5 à 10 mètres de long sur 3 à 6 de large), les maisons sont en partie creusées dans le sol. Une structure en bois soutient les murs enduits d'un crépi argileux et le toit de chaume.

Menhirs et dolmens : le mystère des mégalithes
D'autres centres très actifs apparaissent par la suite en Angleterre, Irlande et Bretagne. La civilisation du Wessex (Angleterre) est la plus brillante

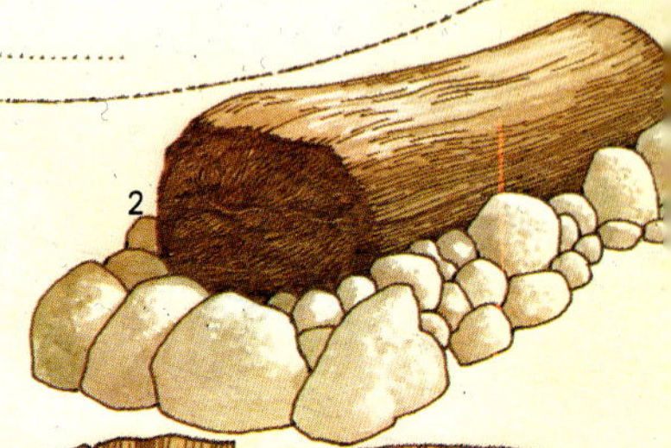

Tombes à tumulus de l'âge du bronze
1 Coupe transversale du tumulus de Borum Eshøj (Danemark) contenant les cercueils d'un vieillard, d'une femme et d'un jeune homme.
2 Cercueil en chêne, sous le tumulus d'Egtved ; il reposait sur une couche de pierres.
3 Intérieur du cercueil d'Egtved creusé dans un tronc d'arbre.
4 Jeune homme (tombe de Borum Eshøj).

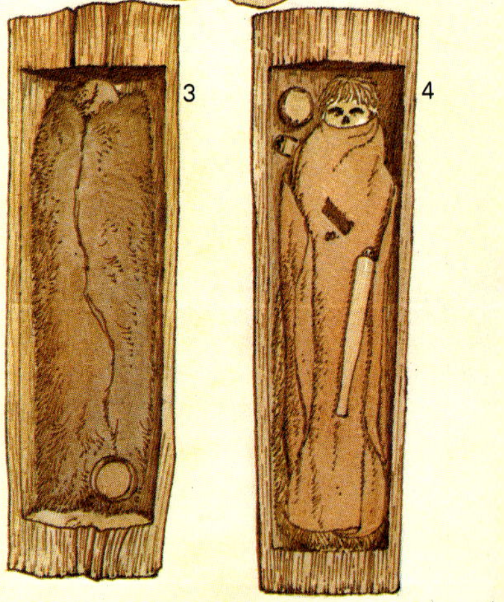

Six personnages de l'âge du bronze (Danemark)
A) Jeune fille (Egtved). B) Jeune fille (Skydstrup). C) Femme âgée (Borum Eshøj) avec filet à cheveux. D) Vieillard (Borum Eshøj). E) Chef de tribu (Muldbjerg). F) Chef de tribu (Trindnhøj).

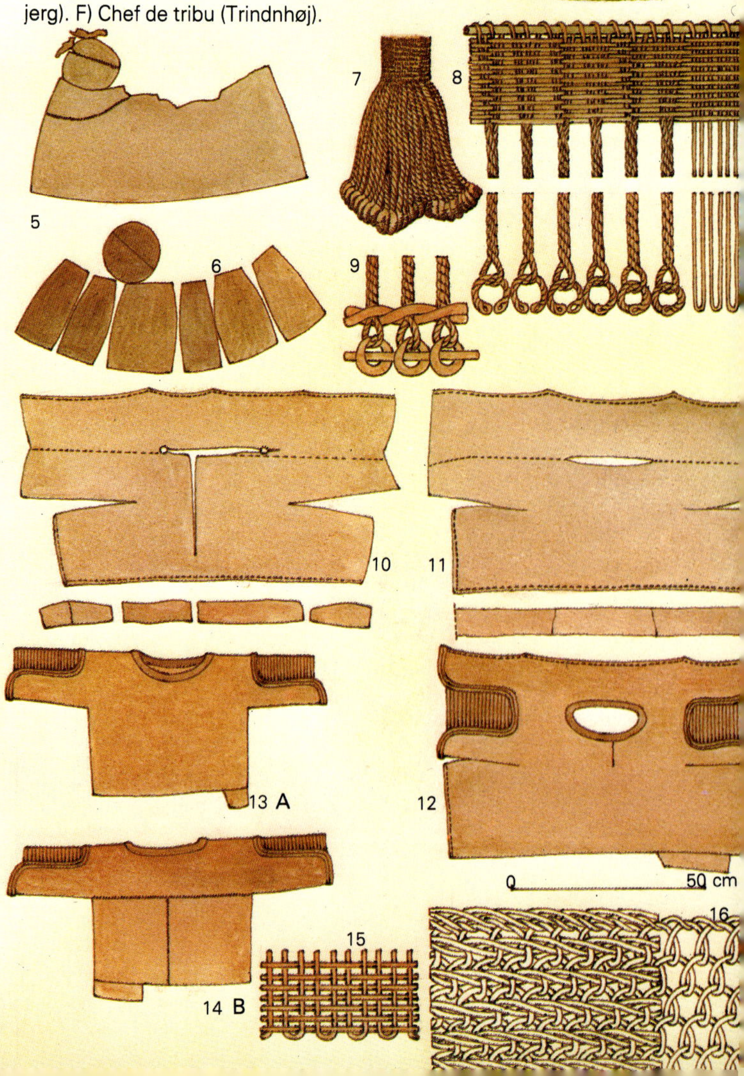

Les vêtements

5 Patron du chapeau de l'homme de Trindhøj.
6 Autre patron de coiffe.
7 Gland de ceinture.
8 Texture de la jupe en cordes trouvée sur la jeune fille d'Egtved.
9 Lisière de la jupe (détail).
10 Patron de la chemise d'Egtved.
11 Patron de la chemise portée par la vieille femme de Borum Eshøj.
12 Patron de la chemise de la femme de Skydstrup.
13-14 Chemise de Skydstrup. A) De face. B) De dos.
15 Texture de la bordure de la chemise (agrandissement du bas).
16 Détail de la broderie ornant l'encolure de la chemise de Skydstrup.

Objets de la vie quotidienne

17 « Vase » en écorce de bouleau trouvé dans le cercueil d'Egtved. Il contenait une mixture à base de bière et de vin de pomme.
18 Boîte en écorce de bouleau (cercueil d'Egtved).
19 Pliant en frêne et peau de loutre (cercueil de Guldhøj).
20 Anneaux en or spiralés. Ils serraient les nattes de la femme de Skydstrup.
21 Coupe en frêne ornée de broquettes en bronze (Guldhøj).
22-30 Objets trouvés dans la tombe de la femme âgée de Borum Eshøj.
22 Collier constitué d'un fil en bronze torsadé.
23 Disque en bronze (ornement de ceinture).
24 Bracelets.
25 Pot en terre cuite.
26 Fibule de bronze.
27 Bouton de bronze.
28 Petits disques d'ornement.
29 Peigne de corne.
30 Bracelets en spirales.
31 Bourse en cuir avec fermoir en bronze.
32 Fragment d'une ceinture en cuir avec bouton en bronze.
33 Rasoir en bronze, enveloppé dans du cuir.
34 Fibule en bronze (31 à 34 proviennent d'un cercueil de chef).
35 Bracelet en argent.
36-37 Épée et fourreau du chef de Muldjerg.
38 Épée du chef de Trindhøj.
39 Talismans en bois enveloppés de cuir.
40 Épée, fourreau et ceinture du chef de Hvidegard.
41 Fragment d'un sac en cuir avec ceinture boutonnée.
42 Petit poignard en bronze.
43 Lame de poignard.
44 Poignard en bronze dans son fourreau.
45 Pinces à épiler.
46 Boîte en écorce de bouleau.
47 Peigne d'os.
48 Bouton.
49 Fibule en bronze.
50-51 Lames de couteau.
52 Pinces à épiler.
53 Bouton.
54 Petits disques d'ornement.
55 Fibule.
56-57 Disque et boutons de bronze.
58 Anneau d'argent.
59 Aiguille.
60 Élément de collier.
61 Bouton. (49 à 52 et 56 à 61 appartenaient au chef de Trindhøj).
62 Chaussure.

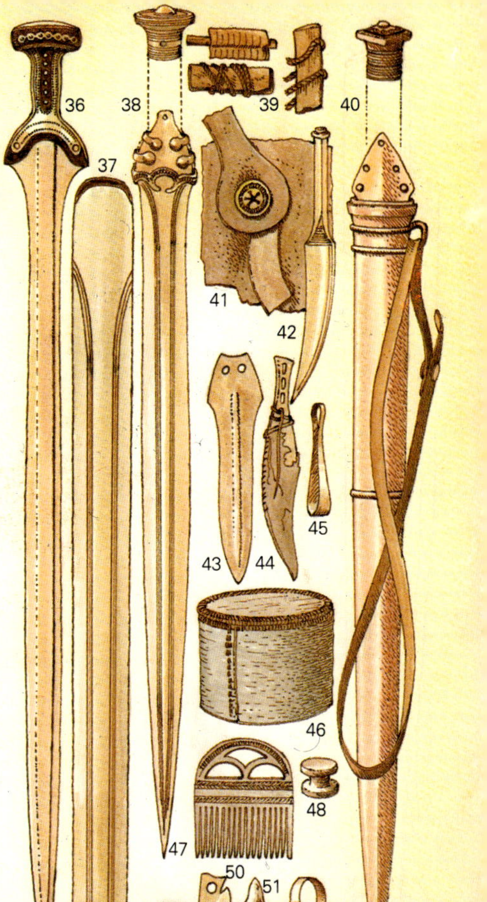

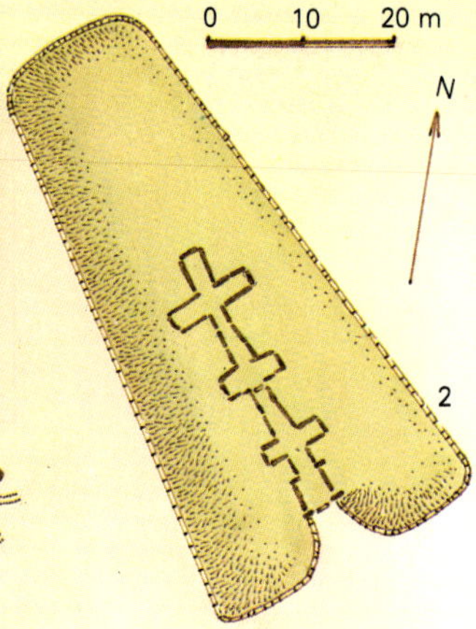

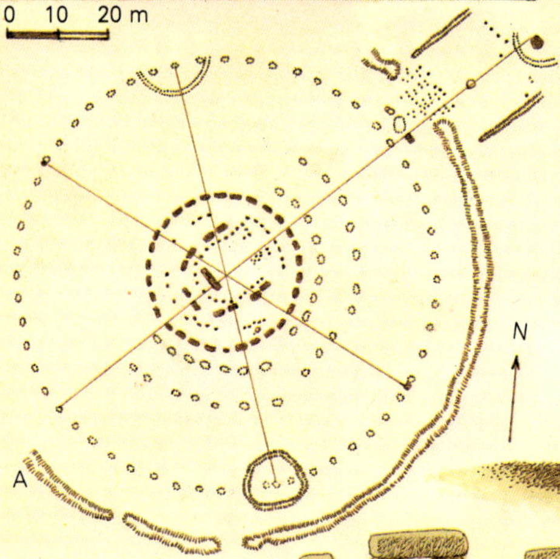

Monuments de l'âge du bronze

1 Coupe du « tumulus » de West Kennet, Wiltshire (Angleterre) ; nous voyons les chambres funéraires (5000 av. J.-C.). Plusieurs générations furent enterrées dans ce tumulus « couché », sorte de caveau.

2 Vue aérienne d'un autre tumulus du même type, à Stony Littleton, dans le Somerset (Angleterre).

3 Dolmen. C'est la chambre funéraire la plus simple : elle est constituée d'une dalle reposant sur trois ou quatre piliers. Beaucoup ont été édifiés en Bretagne.

4 Reconstitution de Stonehenge. Edifié dans la plaine de Salisbury (Angleterre), c'est le monument mégalithique le plus célèbre d'Europe. Certaines pierres de plus de 50 tonnes proviennent de carrières situées à plus de 300 kilomètres. A) plan de Stonehenge.

5 Le « village » de Wasserburg édifié vers 1000 av. J.-C. en Allemagne du Sud.

6 Reconstitution d'une hutte en rondins (Wasserburg). Les foyers sont indiqués en rouge.

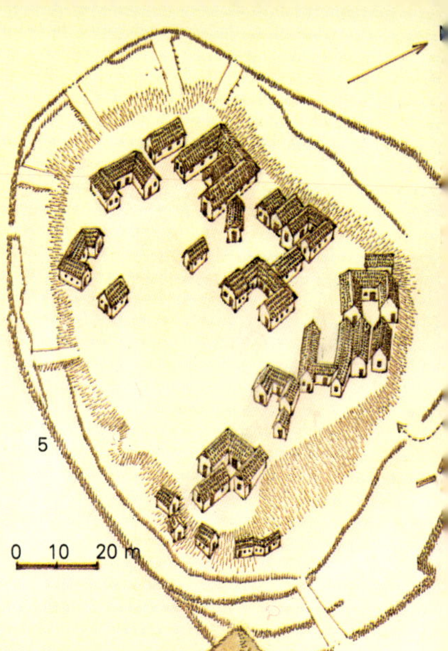

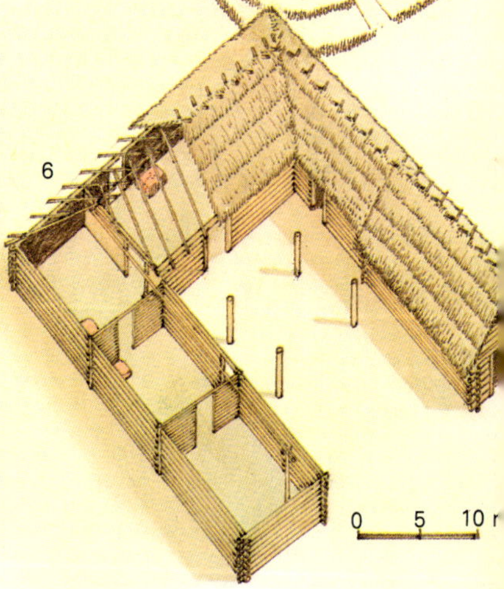

avec ses mégalithes, de grands monuments de pierre (menhirs, dolmens et cromlechs) et ses sépultures colossales à tumulus, faites de blocs de pierre de 20 à 50 tonnes et réservées à une aristocratie guerrière.

Le cercle de pierres (une trentaine de mètres de diamètre) de Stonehenge, dans le sud de l'Angleterre, est la réalisation la plus impressionnante de cette époque. Il a été édifié entre 1800 et 1400 av. J.-C. On ignore sa réelle signification : pour certains, il s'agirait d'un temple, pour d'autres d'une sorte d'observatoire astronomique. Par ailleurs, cette civilisation du Wessex établit des relations commerciales avec l'Europe centrale et la mer Égée et se distingue par une importante production d'armes et d'objets d'apparat en métal.

L'âge du bronze nordique

Le bronze est introduit en Europe du Nord vers 1800 av. J.-C. et remplace le silex comme matériau de base. Les forgerons, qui importent une grande partie de leur minerai, produisent bientôt des armes et des outils de très belle facture. A partir de 1500 avant notre ère, au Danemark, les rois se font enterrer dans de gros tumulus ronds dont le contenu, remarquablement bien conservé, nous a fourni de précieux renseignements sur les rites religieux, funéraires et les vêtements de l'âge du bronze (cf. p. 26-27).

Placés sur de légères éminences, ces tumulus, d'un diamètre de 20 à 35 mètres, s'élèvent jusqu'à 6 à 8 mètres. Le corps du défunt repose au centre, dans un coffre de pierre ou un cercueil formé d'un chêne scié en deux, évidé. Le sous-sol argileux, l'imprégnation des sels ferriques et l'acidité du bois de chêne ont permis la conservation de matières organiques ordinairement décomposées. Ainsi les vêtements ont été préservés.

Si la poterie recueillie dans les tombes est très rare et de médiocre qualité, l'or est fréquent, mais surtout le bronze : poignards, épées aux manches décorés, disques de ceinture, haches de bataille.

Pour obtenir la faveur des dieux, on jetait de nombreux objets, dans les marais, en offrande. Beaucoup ont été retrouvés, dont un char solaire plaqué d'or. De nombreux symboles religieux sont restés gravés sur les roches ou les dalles de tombes.

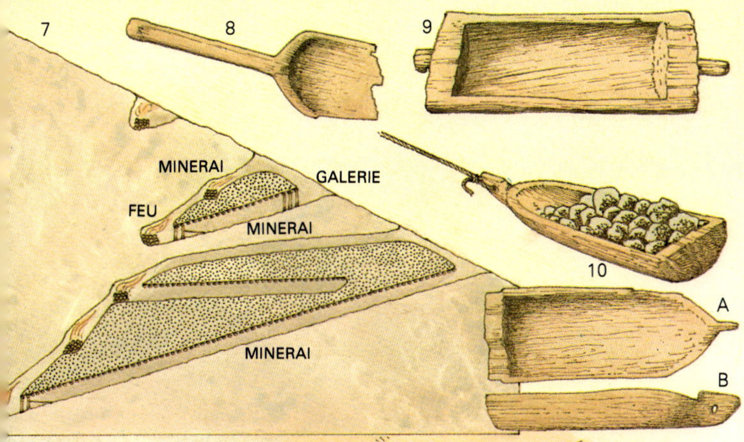

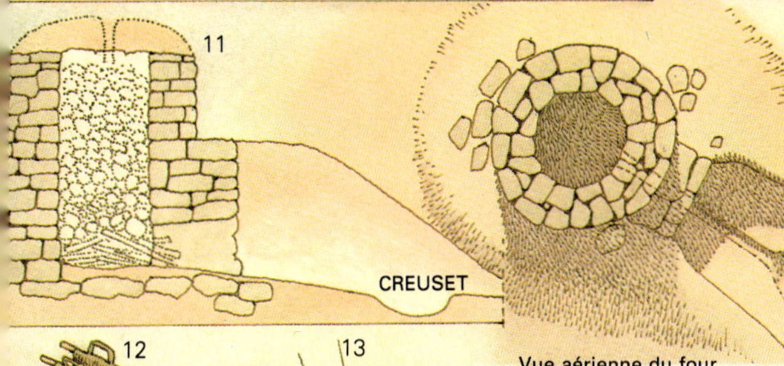

Vue aérienne du four.

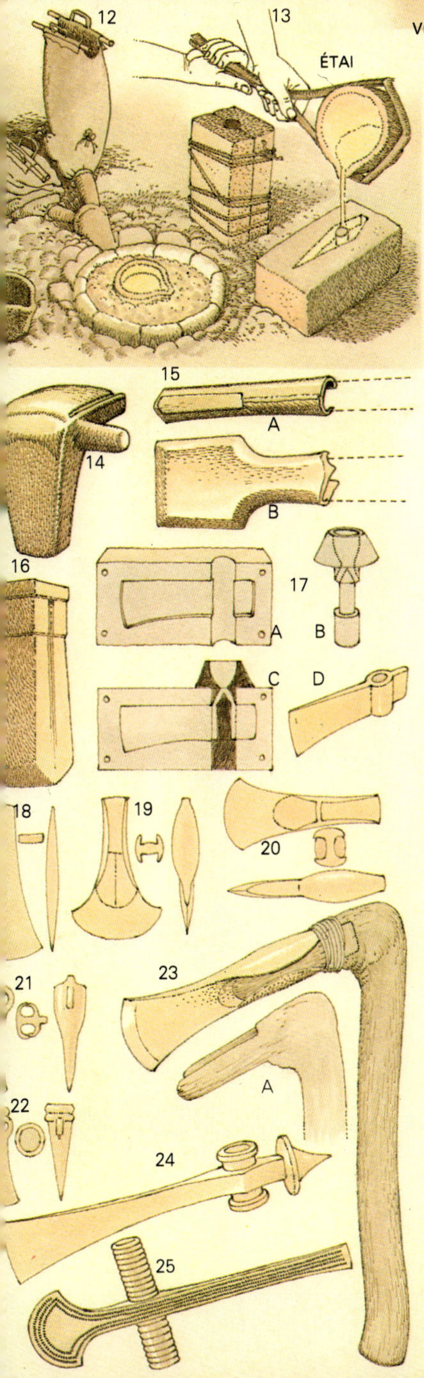

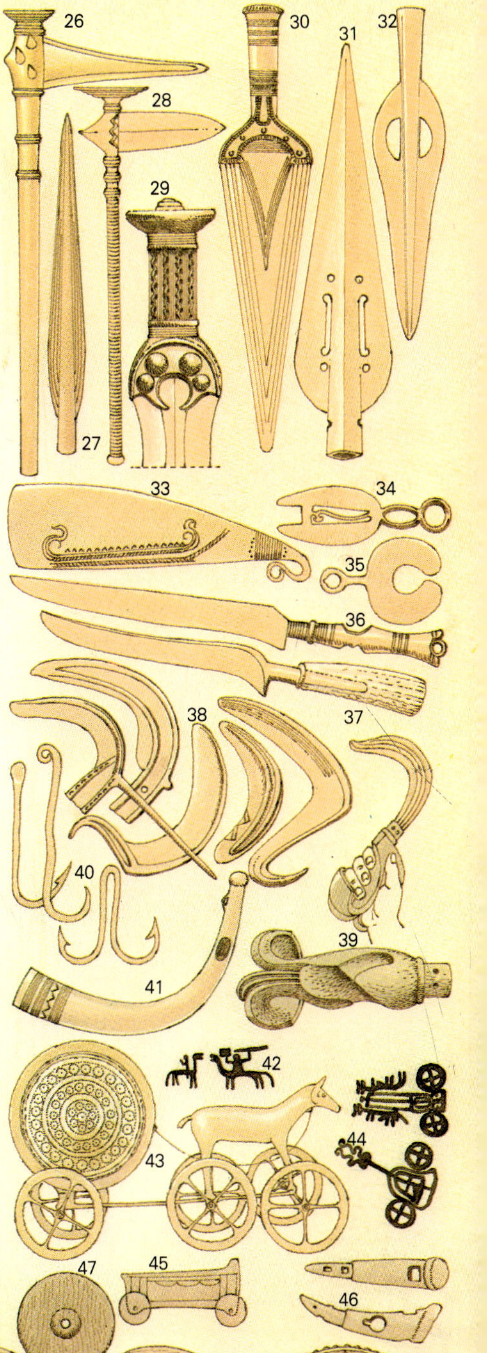

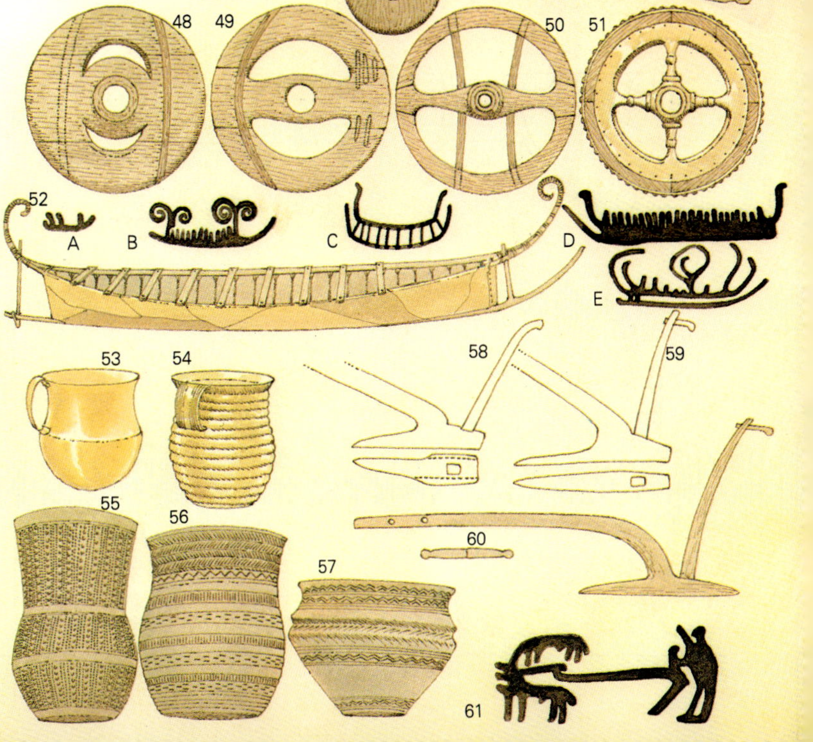

Outils et armes en bronze

26 Hallebarde.
27 Pointe de lance (Norvège).
28 Hallebarde (Allemagne).
29 Poignée d'épée (Danemark).
30 Poignard (Allemagne).
31 Pointe de lance (France).
32 Pointe de lance (Danemark).
33 Rasoir orné d'un bateau.
34 Rasoir (Italie du Nord).
35-37 Rasoir et couteaux (Suisse).
38 Cinq types de lames de faucille.
39 Manche de faucille en bois sculpté.
40 Trois types d'hameçons.
41 Corne (Irlande) vue de profil.
42 Guerriers à cheval (gravures rupestres, Suède).

Moyens de transport

43 « Char du Soleil » de Trundholm (Danemark). Le disque de bronze est recouvert d'une feuille d'or.
44 Deux types de char à cheval (gravures rupestres).
45 Chariot d'argile modelée.
46 Sangles de harnais en bois de cerf.
47-51 Cinq types de roues. La plus ancienne était un simple disque (47). Vint ensuite la roue à trois pièces (48), celle à barre transversale (49-50) et celle à quatre rayons (51).
52 Reconstitution d'un navire danois de l'âge du bronze, d'après des gravures rupestres (A-E).

L'amélioration des techniques

53-54 Gobelets en or à anse (2000 av. J.-C.).
55-57 Céramique (Angleterre).
58-60 Trois araires en bois vus de face et de dessus.
61 Laboureur (gravure rupestre, Suède).

Extraction et travail du cuivre

7 Mines de cuivre près de Salzbourg (Autriche). A l'aide de pics en bronze, les mineurs creusent de profondes galeries, jusqu'à 160 mètres, sous la montagne. La roche est chauffée puis arrosée d'eau froide. Elle se fend et le minerai en est extrait.
8 Pelle en bois (Autriche).
9 Plateau en bois pour le transport du minerai.
10 Traîneau en bois vu de face (A) et de profil (B).
11 Coupe d'un four de fonderie pour le cuivre. Mélangé à du charbon de bois, le minerai est chauffé par le bas. Le métal en fusion est recueilli dans un creuset, où il se refroidit.
12 Soufflet en peau de chèvre.
13 Coulage du bronze en fusion dans un moule.
14 Enclume en bronze (France).
15 Panne de marteau (Irlande) vue de face (B) et de profil (A).
16 Panne de marteau, Suffolk (Angleterre).
17 Pour couler un objet partiellement creux, tel un tranchant de hache (D), on loge à l'intérieur du moule en pierre (A) un noyau en argile (B-C).
18-22 Quatre types de haches vus de face, de profil et du dessus.
23 Emmanchement d'un tranchant de hache. Celui-ci est maintenu par les pattes de fixation (A) du manche en bois, serrées par une corde.
24-25 Haches de guerre en bronze (Hongrie).

La première civilisation chinoise

Contrairement à une idée reçue, la civilisation chinoise n'est pas la plus vieille du monde. Bien que l'homme ait fait très tôt son apparition sur le sol chinois, les premières communautés agricoles villageoises ne se constituent qu'au IV millénaire av. J.-C., en Chine du Nord, dans le bassin inférieur du fleuve Jaune (Hoang-Ho). Deux grandes cultures néolithiques se succèdent (ou coexistent) dans cette région jusqu'aux environs de 1500 avant notre ère. L'une, composée d'agriculteurs itinérants, produit une poterie rouge caractéristique et se déplace quand la terre est épuisée. L'autre, formée de communautés villageoises sédentaires et plus évoluées, fabrique une poterie noire et des vases à trois pieds.

Outre les céréales (millet, riz, froment), les paysans cultivent le chanvre et élèvent le ver à soie. Les premiers Chinois domestiquent le chien et le porc, pratiquent la chasse, la pêche et la cueillette. Dans leurs villages de huttes rondes ou ovales, aux fondations dans le sol, les communautés construisent des greniers à grains, des fours à poterie et des cimetières. Leurs armes et leurs outils sont de pierre polie, d'os et de bois de cerf.

La civilisation Chang

C'est avec l'avènement du bronze que la civilisation chinoise commence réellement. Aux alentours de 1700 av. J.-C. selon la tradition historique, apparaît la dynastie des Chang. Elle sera renversée 650 ans plus tard par les Tchéou.

Les souverains Chang prennent possession de la vallée du fleuve Jaune où ils créent un empire organisé autour des villes. Elles sont dirigées par des nobles, guerriers et chasseurs, seuls à posséder des chars, des chevaux et un véritable armement. Ils se battent avec un arc, petit et puissant, une hache-poignard de bronze, remplacée plus tard par une hallebarde. Lance, hache, casque, bouclier et cuirasse complètent leur équipement.

Les paysans doivent nourrir une population grandissante, spécialisée dans d'autres activités dans les cités. Ils y parviennent en améliorant sans cesse les techniques : défrichement des terres grâce à l'utilisation de l'araire à traction animale, par exemple. Les cultures deviennent permanentes.

Une tombe royale

1 Tombe royale de la dynastie Chang (vers 1100 av. J.-C.) dans la région d'Anyang.
2 Plan de la tombe.
3 « Pierre à musique » trouvée dans la tombe. Elle résonne quand on la heurte.
4 Joug de char (Chang).
5 Décorations de char en forme de dragons.
6 Joug de bronze (élément).
7 Tombe à char d'Anyang (XIIe-XIe siècle av. J.-C.) avec squelettes d'hommes et de chevaux.
8 Pièce de harnais (vers 800 av. J.-C.).
9 Chapeau de moyeu de char et esse.
10 Élément de bride en bronze (vers 700 av. J.-C.).

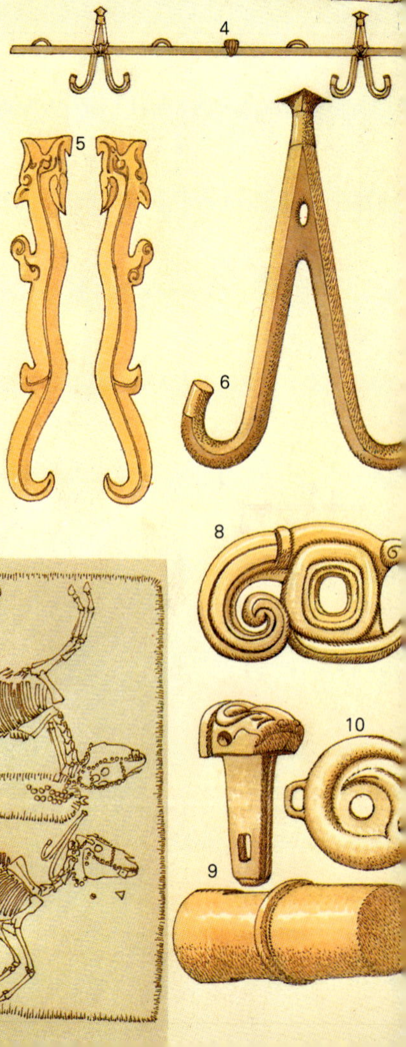

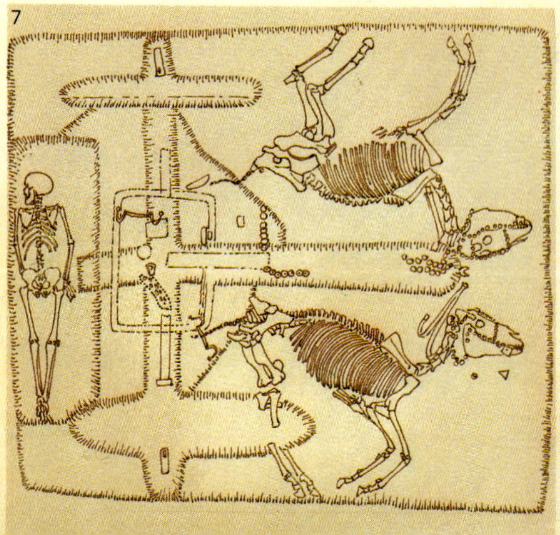

▽ Un palais royal

Reconstitution du palais royal de l'époque Chang exhumé à Pan Lun Cheng. Ce pavillon de 39,8 mètres de long sur 12,3 mètres de large est bâti sur une terrasse en terre d'où il domine les autres bâtiments. Il est construit autour de quatre pièces auxquelles on accède par un dédale de corridors. La toiture, probablement en chaume, se divise en multiples avant-toits. L'usage de ce palais reste énigmatique. Il ne semble pas avoir été réellement occupé. Pour certains archéologues, il s'agit d'un temple, les quatre pièces centrales servant de lieu de culte. Les magnifiques vases en bronze découverts sur les lieux renforcent cette thèse. On ignore encore à quoi ressemblait l'intérieur du bâtiment. C'était une construction importante, on suppose donc que les murs étaient décorés. Mais s'agissait-il de peintures murales ou de tapisseries ? Le mystère demeure. Enfin, existait-il un mobilier et, dans ce cas, pourquoi aurait-il disparu ?

▷ L'âge du bronze en Chine

La carte ci-contre représente le premier Empire chinois, il y a 4 000 ans. La première civilisation connue en Chine naît dans les plaines fertiles du nord, autour du fleuve Houang Ho. Les premiers princes de la dynastie Chang se sont fixés à Tchen Tchéou. Vers 1400 av. J.-C., leurs successeurs choisissent pour capitale Anyang, plus au nord.

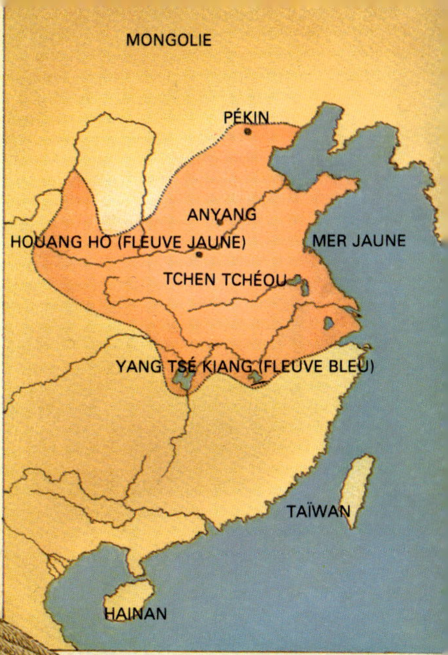

18

11 12 13 14 15 16

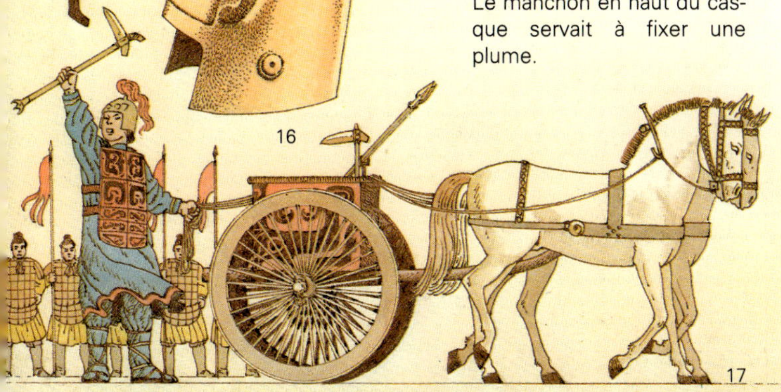

17

Les guerriers et leurs armes

11 Reconstitution de l'armement des guerriers de l'époque Chang d'après les idéogrammes. Ils étaient généralement armés d'une sorte de hallebarde et portaient un casque, une cuirasse de protection et un bouclier.
12 Idéogramme représentant un soldat armé d'une hallebarde et d'un bouclier.
13 Idéogramme représentant une hache rituelle pour les sacrifices humains.
14 Hallebarde (idéogramme).
15 Soldat armé d'une hallebarde (idéogramme).
16 Casque en bronze (Anyang). Le manchon en haut du casque servait à fixer une plume.
17 Reconstitution d'un char de combat tiré par deux chevaux. Le guerrier est muni d'une hallebarde, le *ko*.
18 Idéogramme représentant un bâtiment au toit identique à celui du palais royal ci-contre.
19 Lame en bronze incurvée. Comparez-la avec l'idéogramme (A).
20 Hallebarde en bronze.
21 Hallebarde de jade dans un étui de bronze finement ciselé. Son usage devait être rituel.
22 Hallebarde de jade.
23-25 Trois types de pointes de flèche en bronze.
26 Arc et flèche (idéogramme) en usage dans les armées de l'époque Chang.
27-28 Deux formes de pointes de flèches. Une douille renforce l'emmanchement.
29 Tranchant de hache rituelle en bronze finement ciselé.
30 Tranchant de hache à douille, vu de face et de profil.

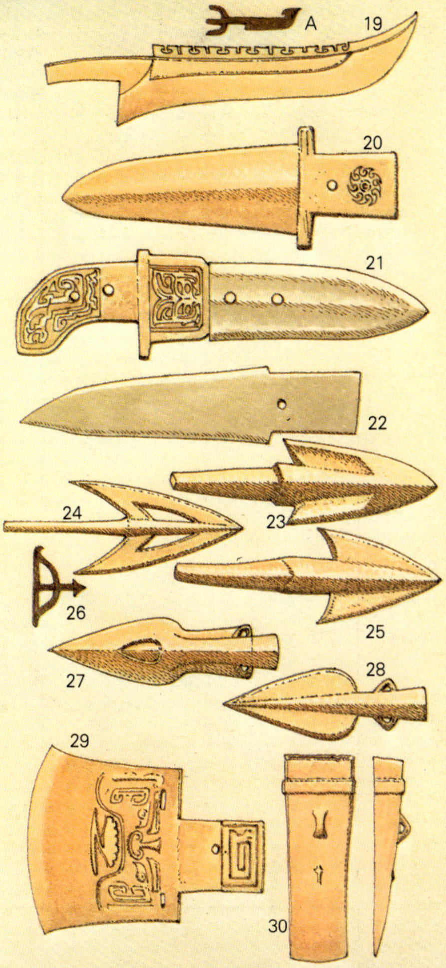

A 19 20 21 22 23 24 25 26 27 28 29 30

Des cités-palais

Les nombreuses cités sont dotées de palais et de temples à plan carré ou rectangulaire, construits en bois et en torchis sur un soubassement de terre.
Parfois très étendues (4 kilomètres carrés), les villes Chang sont protégées par un mur d'enceinte en terre battue. Hauts de 8 mètres environ et larges de 10 à 15 mètres, ces remparts forment un carré ou un rectangle, orientés selon les quatre points cardinaux et percés de portes sur chaque côté. Au nord du palais est établi un marché, au sud logent les artisans.
A Anyang, principal site Chang, les fouilles ont mis au jour une cité qu'ornent un magnifique palais et des tombes royales. Dans ces fosses rectangulaires, quatre rampes d'accès ou des escaliers mènent à un puits central, où repose le corps du défunt. Les archéologues y ont trouvé non seulement des cloches et des vases rituels en bronze, des carillons de pierre sonores, des jades et des poteries, mais aussi des restes d'animaux et d'hommes sacrifiés. Dans une tombe, un spectacle saisissant : des chiens, une compagnie entière de soldats avec ses officiers, des chevaux avaient été immolés pour accompagner le roi défunt.

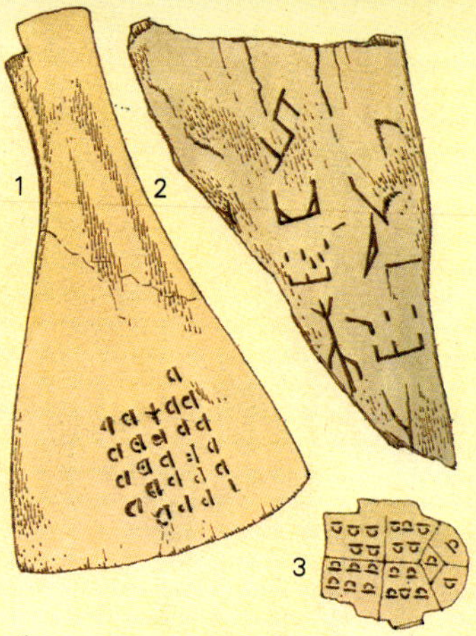

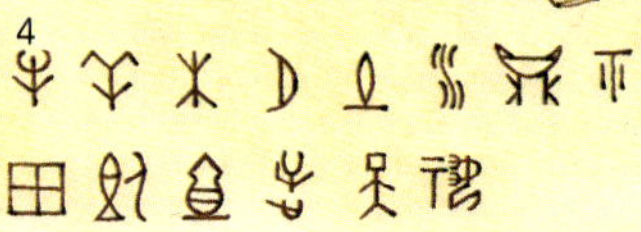

◁ **Aux origines de l'écriture.**
1-2 Os divinatoires. Ces inscriptions étaient censées servir à prédire l'avenir.
3 Carapace de tortue réservée au même usage.
4 Idéogrammes de l'époque Chang.

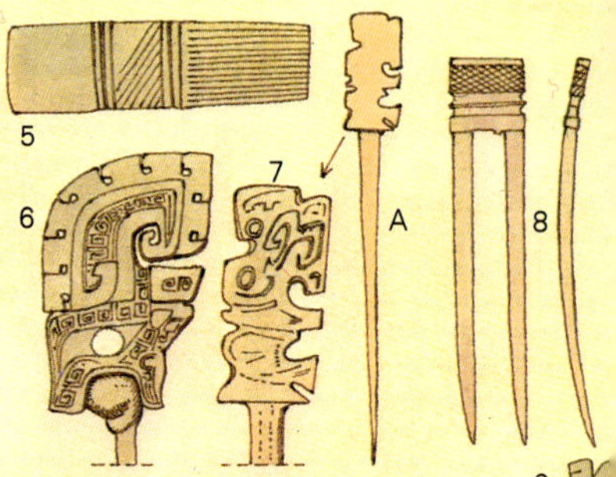

▷ **Objets ornés**
5 Peigne en os.
6 Tête finement ciselée d'une épingle à cheveu en os.
7 Tête d'épingle à cheveux en os ciselé. A) L'épingle entière.
8 Épingle à cheveux en os ordinaire vue de face et de profil.
9 Amulette de jade ciselée.
10 Tête d'épingle à cheveux (grossie) en jade représentant le profil d'une femme dont les cheveux ou la perruque sont coiffés de manière raffinée. (A) Reconstitution de cette coiffure.

◁ **Les cérémonies Chang**
Les Chinois de l'époque Chang savent bien vivre. La scène de gauche représente une de leurs cérémonies. La nourriture et le vin contenus dans de splendides vases de bronze servent à apaiser les mânes des morts. Les vêtements ont été reconstitués d'après des figurines en jade ciselée.

▽ **Vases rituels en bronze**
11 Vase Lei.
12 Vase P'an.
13 Vase Ting.
14 Vase Chüeh.
15 Vase Tsün.
16-17 Vases Yü.
18 Vase Li.
19 Vase Kuei.
20 Vase Hsien.
21 Vase Ting.
22 Clochette en bronze.

La poterie
Sous les Chang apparaissent des techniques de fabrication de vases minces recouverts de glaçures à base de silice.
23 Vase d'argile à décoration incisée.
24-25 Pots de faïence.
26 Four à poterie (coupe et plan aérien).
27 Cruche Chüeh en terre cuite.
28 Pot de terre cuite.
29 Vase à fond circulaire.
30 Autre type de four à poterie (coupe et plan aérien) avec quatre conduits d'aération supplémentaires.

Outillage agricole
31 Meule à main pour les grains.
32 Fléau en bambou pour battre le grain.
33 Houe. A) Lame de bronze.
34 Araire conduit par un homme.
35 Différents types de faucilles.
36 Fourche.

Le coulage du bronze
37 Coupe longitudinale d'un moule à bronze. Le récipient étant posé à l'envers, le bronze en fusion est coulé par les pieds. A) Les pieds du récipient (coupe horizontale) montrant, en marron foncé, la forme rectangulaire du vase.

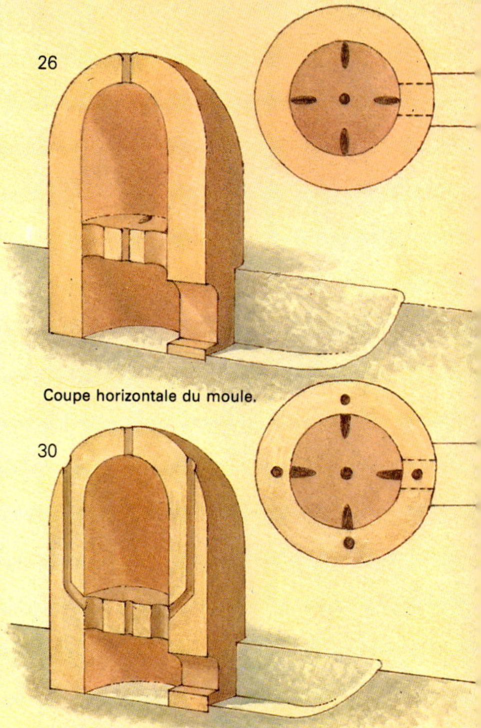

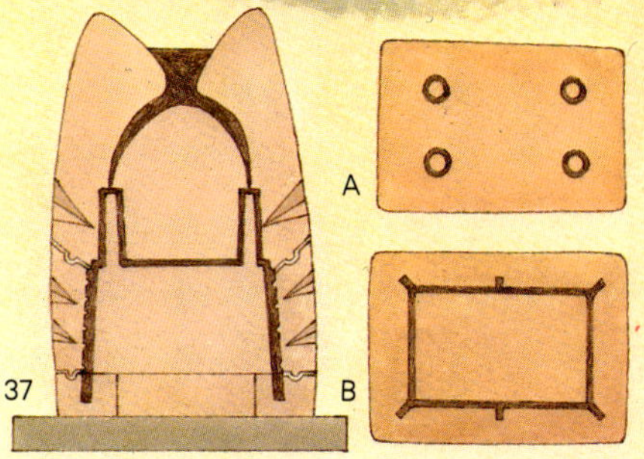

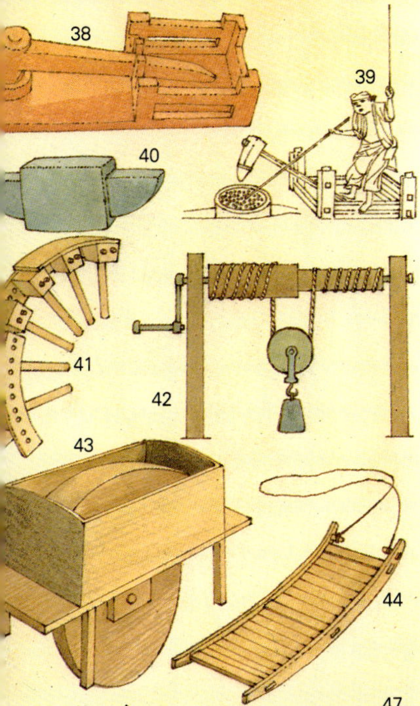

Les techniques de l'époque Chang
38 Marteau à bascule en argile.
39 Représentation d'un marteau à bascule en action.
40 Enclume (ici moderne). Elle ne devait pas être inconnue des Chinois de l'époque Chang.
41 Structure d'une roue de charrette.
42 « Différentiel » ou treuil chinois pour le levage des objets lourds.
43 Brouette chinoise.
44 Traîneau pour le transport de la glaise à bâtir.
45 Idéogramme du charpentier.
46 Deux types de bâtiments (idéogrammes).
47 Maquette d'une cjté Chang d'après les fouilles d'Anyang, La ville est protégée par une imposante muraille.
48 Reconstitution d'une maison rectangulaire type.

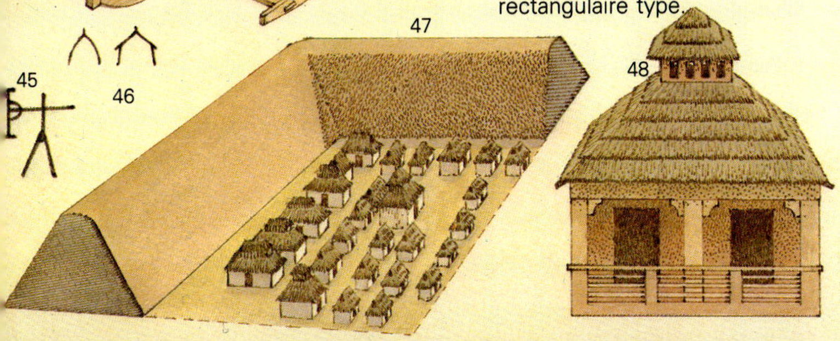

L'art du bronze
Sous la dynastie Chang apparaît et s'épanouit rapidement l'art du bronze. Ses origines demeurent obscures mais l'on admet que la technique du bronze est née en Chine et peut-être même sans ancune influence extérieure. Les bronziers d'alors ne travaillent pas le métal en plaques ; ils fondent des vases massifs à trois ou quatre pieds, réalisés en une seule pièce, selon une technique alors unique au monde. Ils les décorent ensuite de motifs géométriques et naturalistes ou de figures animales parmi lesquelles des éléphants (employés comme animaux de guerre), des tigres et des rhinocéros.

La première écriture
C'est également à l'époque Chang que les Chinois mettent au point un système d'écriture pictographique, qui a donné l'écriture chinoise actuelle. Les archéologues ont trouvé de nombreuses inscriptions sur des vases de bronze et sur des os plats de mammifères, qui servaient à des pratiques divinatoires. Une question posée à un ancêtre était inscrite sur les os, jetés ensuite aux flammes : les craquelures et les déformations produites par le feu étaient interprétées comme des oracles.

L'Égypte des pharaons

Les peuples de l'Orient sont les premiers à vivre de l'agriculture et de l'élevage. Plus de 1 000 ans avant les Européens, ils travaillent les métaux et 3 000 ans avant eux, ils écrivent ; c'est ainsi qu'ils sortent de la préhistoire. Parmi eux, les Égyptiens, installés dans la vallée du Nil, créent une civilisation originale qui va durer trois millénaires.

L'Égypte, « un don du Nil »

Contrée désertique située au nord-est de l'Afrique (cf. carte p. 37), l'Égypte est traversée du sud au nord par le Nil. C'est lui qui, depuis des millénaires, apporte la vie au pays. Toute l'activité est concentrée dans sa vallée, étroit couloir de verdure qui s'étire entre deux falaises sur un millier de kilomètres et s'achève sur la Méditerranée par un delta traversé de marécages.

Dans ce pays brûlé par le soleil, la vie est rythmée par les crues du Nil. Tous les ans, le fleuve sort de son lit de juillet à octobre et recouvre les terres de la vallée en y déposant une épaisse couche de limons fertiles. Sans cette bienfaisante inondation, la vallée serait aussi désertique que les plateaux qui la dominent. Aussi les Égyptiens vénéraient-ils le fleuve comme un dieu.

Trois mille ans d'histoire

Au IVe millénaire avant notre ère, la vallée était divisée en deux royaumes : au nord la basse Égypte et au sud la haute Égypte. Vers 3000 av. J.-C., le roi du Sud conquiert le Nord. Les deux royaumes unifiés n'ont plus désormais qu'un seul souverain, le *pharaon*.

En trente siècles, l'Égypte a connu trois grandes périodes de prospérité, interrompues par des années de troubles et d'invasions : l'*Ancien Empire* (3200-2200), le *Moyen Empire* (2100-1750), le *Nouvel Empire* (1580-1150). A partir du XIe siècle avant notre ère, l'Égypte affaiblie subit de multiples invasions qui précipitent son déclin. Sous l'Ancien Empire, l'écriture apparaît et les pharaons édifient d'immenses tombeaux, les pyramides.

Une administration efficace

Le pharaon est considéré comme un dieu et son pouvoir est sans limite. Il est assisté d'un ministre, de fonctionnaires ou scribes, qui savent lire, écrire et compter, et de gouverneurs qui le représentent dans les provinces. Son administration dirige tous

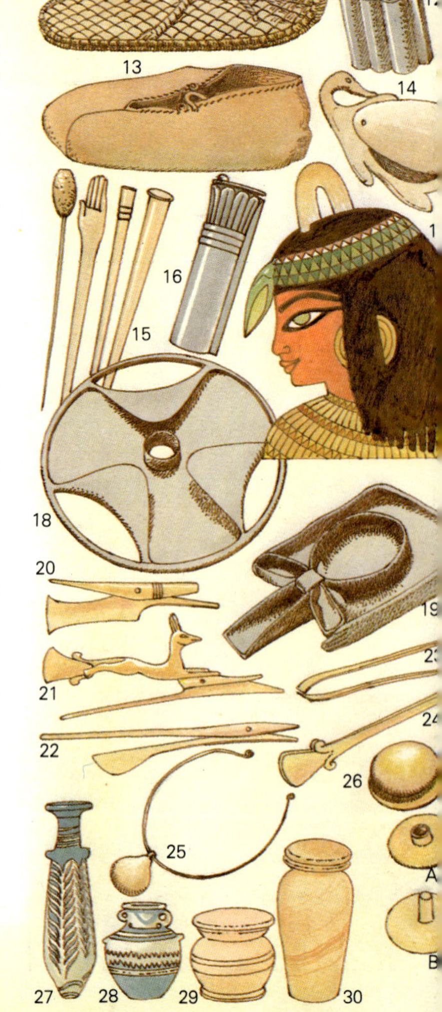

La vie quotidienne
1 Statuette en bois représentant une jeune femme portant des offrandes.
2 Contremaître et son chien, suivis d'un gardien.
3 Tête d'ouvrier (fresque).
4 Douze manières pour un ouvrier de se vêtir.
5 Spatules en bronze.
6 Deux miroirs en bronze.
7 Sandales en papyrus.
8 Peigne en os.
9 Serre-nattes (face et profil).
10 Sandales en feuilles de palmier.
11 Rasoir en bronze.
12 Tube de fard à paupières et pinceau.
13 Chaussure en cuir.
14 Boîte de cosmétiques en ivoire, en forme de canard.
15 Quatre types d'épingles à cheveux.
16 Pot de maquillage.
17 Maquillage des yeux et coiffure à la mode chez les Égyptiennes (peinture murale).
18-19 Deux tables de toilette en ardoise.
20-22 Bigoudis en bronze.
23-24 Pinces à épiler en bronze.
25 Collier de bronze.
26 Boules « Quiès » de bronze, en deux parties (A et B).
27-28 Flacons en verre pour produits de beauté.
29-30 Flacons en albâtre.

Les artisans

31 Potiers travaillant sur leur tour.

32 Les vases sont cuits au four et transportés dans des paniers.

33 Coupe d'un four à céramique.

34 Menuisiers taillant le bois à l'herminette (à gauche) et à la scie (à droite). Pour scier, le menuisier maintient la planche de bois en la fixant sur un pieu fiché en terre.

35 Souffleurs de verre.

36 Souffleur de verre et deux joailliers attisant un creuset chauffé au charbon de bois avec un chalumeau.

37 Bronzier utilisant un foret à vrille.

38 Artisans martelant et polissant des plats en or et en argent.

39 Artisan décorant un vase au burin.

40 Fuseaux en bois.

41 Femmes filant du lin.

42 Tissage des vêtements. Deux femmes travaillent sur un métier à tisser vertical, une autre lave le lin à côté d'un homme qui file. Un contremaître à l'arrière-plan les surveille.

43 Deux lattes de métier à tisser et leur section (à droite).

44 Baguette servant à séparer les fils de la trame ; portion grossie de la baguette.

▽ La maison d'un artisan

Reconstitution d'une maison d'artisan d'après les fouilles de Der-el-Medineh qui fut fondée sous le règne du pharaon Thoutmosis Ier (vers 1520 av. J.-C.). Chaque pièce communique avec l'autre.

45 Plan du premier site de Derel-Medineh. L'unique voie est bordée par deux rangées de maisons aux toits en terrasse ; elles donnent directement sur la rue (en rouge, une simple résidence).

46 Plan de la maison (coupe transversale).

47 Plan de la maison. Les artisans et leurs femmes vivant à Der-el-Medineh devaient quitter leur cité pour travailler sur les chantiers de construction du pharaon pour des périodes de 10 jours entrecoupées de périodes de repos. Der-el-Medineh devint avec le temps une importante cité dotée d'un jardin et d'un temple.

Une maison d'artisan

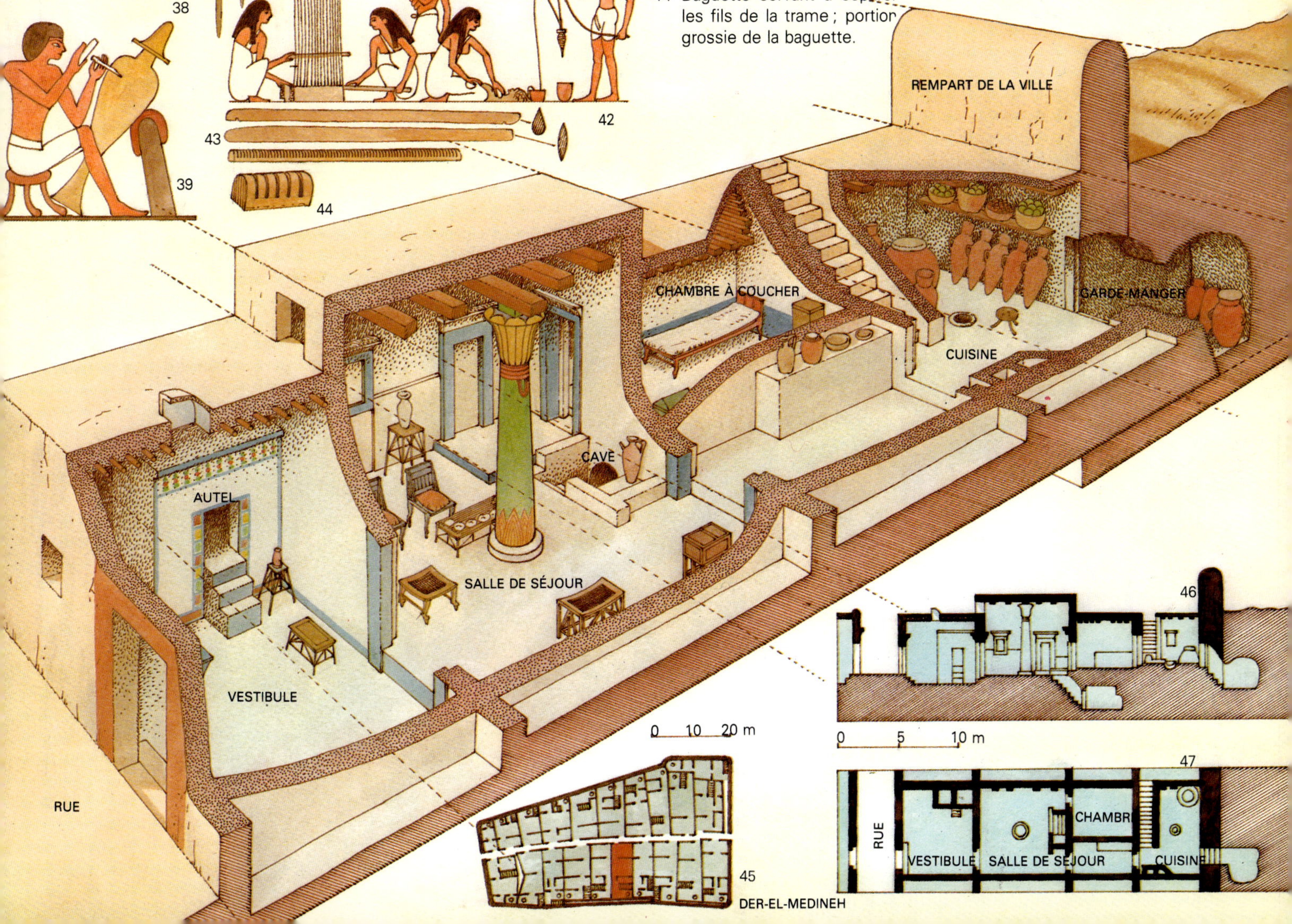

◁ **L'agriculture égyptienne**
1 Vendanges.
2 Les hommes foulent le raisin avec les pieds, et se tiennent à des cordes fixées à une traverse. Le jus s'écoule dans un réservoir.
3 Pour amener l'eau du Nil aux canaux d'irrigation, les Égyptiens utilisent le chadouf, un appareil à bascule.
4 Pressoir à vin rudimentaire. Le raisin, placé dans un sac fixé à un cadre, est pressé par torsion du sac. Le jus est recueilli dans un récipient en dessous.
5 Moisson à la faucille.
6-7 Broyage des grains à la meule de pierre.
8 Silex taillé utilisé comme faucille (agrandissement).
9 Les éclats de silex formant la lame des faucilles en bois sont collés dans une rainure avec de la résine. A) Coupe transversale.
10 Labourage : les charrues sont tirées par des bœufs.
11 La charrue utilisée est un simple araire en bois.
12 Houe de bois servant à biner la terre.

△ **Le mobilier**
13 Chaise d'une riche demeure.
14 Lit couvert de draps en lin.
15 Lit pliant.
16 Siège pliant à pieds en forme de tête de canard.
17 Coffre en bois peint.
18 Support de vase (guéridon).
19 Appuie-tête en bois pour la nuit.
20 Tabouret.
21 Table en lattes.
22 Coffret de toilette.
23 Trépied.

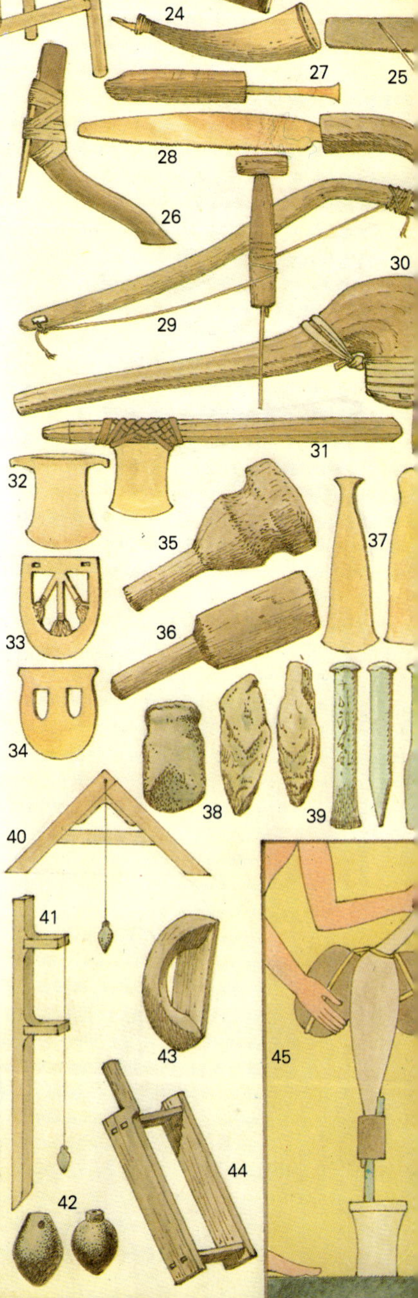

▷ **Outils d'artisan**
24 Corne à huile.
25 Pierre à aiguiser et poinçon.
26 Herminette composée d'un manche de bois recourbé et d'une lame de métal pour tailler le bois.
27 Ciseau à froid.
28 Scie avec manche en bois.
29 Foret à vrille.
30 Autre type d'herminette.
31 Hache.
32-34 Tranchants de haches.
35-36 Maillets en bois.
37 Têtes d'herminette.
38 Burins en pierre.
39 Burins en fer.
40 Fil à plomb.
41 Fil à plomb vertical.
42 Masses de fil à plomb.
43 Taloche à plâtre.
44 Cadre de bois pour fabriquer des briques.
45 Foreuse servant à évider les vases de pierre. En bas, le vase.

les travaux des champs et prélève une partie des récoltes au titre de l'impôt. Les réserves de céréales ainsi constituées servent à compenser les années de mauvaises récoltes et à éviter la famine. Le pharaon réquisitionne régulièrement ses sujets pour de grands travaux : construction de routes, de temples ou de pyramides...

Paysans et artisans

La majorité de la population est alors formée de villageois. Ils sont paysans ou artisans mais les champs et les ateliers où ils travaillent appartiennent aux souverains et aux prêtres, gardiens des temples.
Leurs maisons sont généralement construites en torchis. Les riches, eux, édifient des demeures en briques, et les décorent d'un important mobilier. La pierre est réservée aux tombeaux et aux tem-

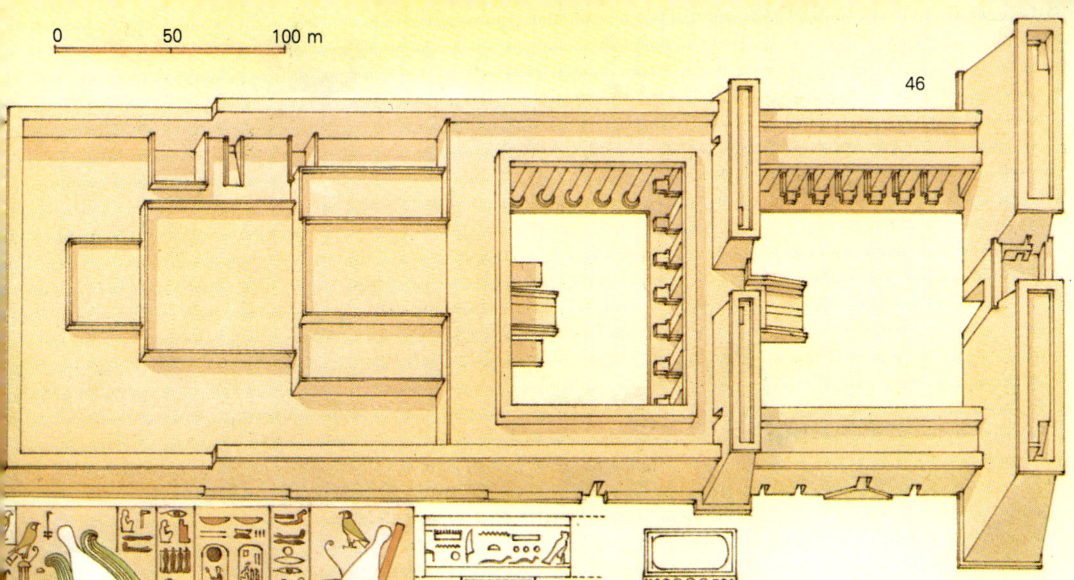

Le temple de Ramsès III

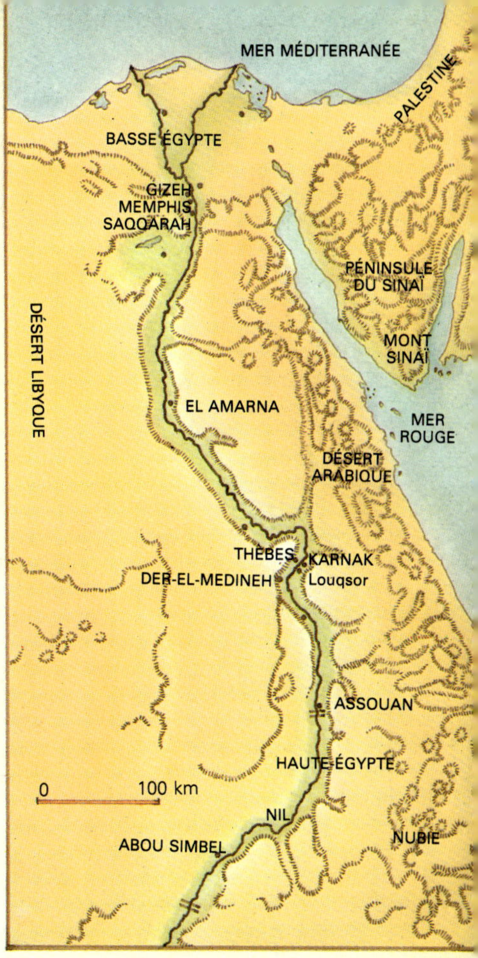

▷ **L'Égypte au temps des pharaons**
Tous les sites indiqués sur la carte possèdent d'imposants monuments (sanctuaires, pyramides), témoins de la puissance politique et économique de l'Égypte pharaonique. Son influence s'exerçait de la Palestine, au nord, à la Nubie, au sud.

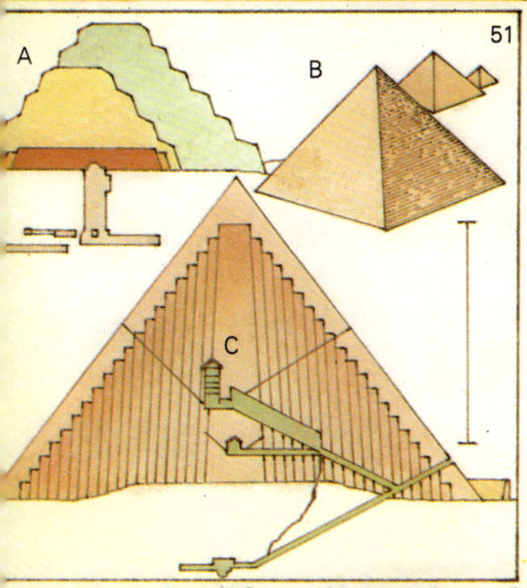

△ **L'architecture égyptienne**
46 Vue aérienne du sanctuaire Ramsès III à Medinet Habu (vers 1170 av. J.-C.).
47 Pharaon Séti Ier présenté à la déesse Isis et au dieu Osiris (peinture murale).
48-50 Colonnes ornées et ciselées du temple de Karnak.
51 Les pyramides de Gizeh (B). Elles dérivent du tombeau primitif, le mastaba [cf. croquis A : en rouge le mastaba ; en vert la pyramide à degrés du roi Djéser (IIIe dynastie ; v. 2680-2660) à Saqqarah]. Elles sont constituées de couloirs et d'une chambre funéraire (en C sur la coupe de la pyramide de Chéops (B) qui atteignait 147 m en hauteur).

◁ **Les hiéroglyphes**
52 Écriture démotique (simplifiée) tracée sur papyrus avec une pointe de roseau.
53 Hiéroglyphes peints sur les murs d'un tombeau.
54 Hiéroglyphes.

◁ **Objets décorés**
55 Bouteille en pierre rouge polie.
56 Vase en granit.
57 Canope.
59-60 Céramique rouge.
61 Vase en stéatite.

ples, qui ont donc été les seuls à résister au temps. L'année est rythmée par les crues du Nil : travaux des champs de l'automne au printemps, corvées sur les chantiers royaux en été. Les techniques agricoles sont rudimentaires. On jette à la volée les semences dans la boue alluviale qui a été légèrement retournée à la houe ou à l'araire. On moissonne à la faucille. Canaux d'irrigation, digues et réservoirs, soigneusement entretenus tout au long de l'année, permettent d'arroser les champs avec l'eau du fleuve.
De leur côté, les artisans travaillent dans de petits ateliers dépendant du roi et des temples. Ils y fabriquent des statues, des bijoux, de beaux meubles pour les dieux ou pour les rois.

Croyances et rites funéraires

Les Égyptiens honorent une centaine de divinités. Tous les temples sont bâtis selon le même plan (cf. ill. 46). Les prêtres y rendent le culte quotidien, au nom du pharaon.
Les Égyptiens croient à une vie après la mort. Aussi, ils embaument les corps et les placent dans des sarcophages de bois et de pierre. Les grands personnages se font ensevelir avec un riche mobilier et des objets de leur vie quotidienne dans des tombeaux somptueusement décorés.

Les Crétois, peuple de la mer

La Crète est une grande île située au centre de la mer Méditerranée orientale, à proximité de la Grèce, de l'Asie Mineure et de l'Égypte, qui devient entre 3000 et 1400 av. J.-C. le berceau d'une brillante civilisation. Brutalement disparue pour des raisons qui restent encore assez mystérieuses, elle est tombée dans l'oubli jusqu'au début de notre siècle. Seuls les Égyptiens, les Mésopotamiens et les Grecs avaient conservé le souvenir d'un souverain, Minos, fondateur d'un empire maritime s'étendant alors à toute la mer Égée. C'est guidé par ces légendes qu'un archéologue anglais, Sir Arthur Evans, retrouve en 1900 le site de Cnossos. En quelques années, il exhume les restes d'un monde et d'un art inconnus, qu'il désigne du qualificatif de *minoen*.

Déjà peuplée au Néolithique, l'île devient au IIIe millénaire un centre actif de production et de travail du bronze que les Crétois exportent en grande quantité. Les Crétois, comme les Phéniciens, sont alors réputés dans tout le bassin méditerranéen pour leur habileté à naviguer. Ils utilisent de longs bateaux à la coque étroite et effilée, à la proue relevée. Le trafic maritime enrichit le pays où naissent vers 2000 av. J.-C. les premiers palais au centre d'importants regroupements urbains : à Cnossos, Gournia et Mallia sur la côte nord et est, à Phaïstos au sud.

Une civilisation au luxe raffiné

Tous ces palais sont bâtis selon un même plan, autour d'une cour rectangulaire non couverte et orientée nord-sud. Un grand nombre de salles servent d'entrepôts, d'ateliers et de réserves d'or, de cuivre et de bronze. L'huile d'olive, le vin, le blé y sont stockés dans de grandes jarres, *pithoï*, avant d'être distribués selon les besoins. Ainsi le palais contrôle-t-il la vie de la population locale.

Trois siècles plus tard, un tremblement de terre détruit ces palais. Ils sont aussitôt reconstruits et agrandis. Bâtis sur plusieurs étages, ils sont équipés d'un système d'eau courante. Des fresques, inspirées par la faune, la flore, la vie quotidienne et le monde marin, ornent leurs murs.

Vêtements et bijoux

1 Jeune aristocrate de la société minoenne, vêtu d'un pagne, de chaussures et d'une coiffe à plumes (d'après un bas-relief peint du palais de Cnossos).
2 Jeunes femmes du palais. Elles portent un boléro et une jupe longue (reconstitution d'après des fresques).
3 Scène religieuse peinte sur un sarcophage représentant deux femmes face à un autel orné de la double hache et des « cornes du sacre ».
4 Autel en argile modelé.
5 Épingle à cheveux en argent.
6 Boucle d'oreille en or.
7 Bague d'or.
8 Bracelet d'or.
9 Pendentif d'or en forme de poisson.
10-11 Déesses ou prêtresses en faïence. Elles sont vêtues à la mode de la cour minoenne : robe à bustier et chapeau extravagant, et tiennent des serpents dans leurs mains, symboles de la fécondité.
12 Boucle d'oreille d'or.
13 Perles d'or travaillé.
14 Plaque d'or ciselé.
15 Lion tapi en or.
16 Une autre plaque d'or ciselée de motifs en relief.
17 Toilettes des femmes de l'île de Théra (Santorin), au nord de la Crète.

18

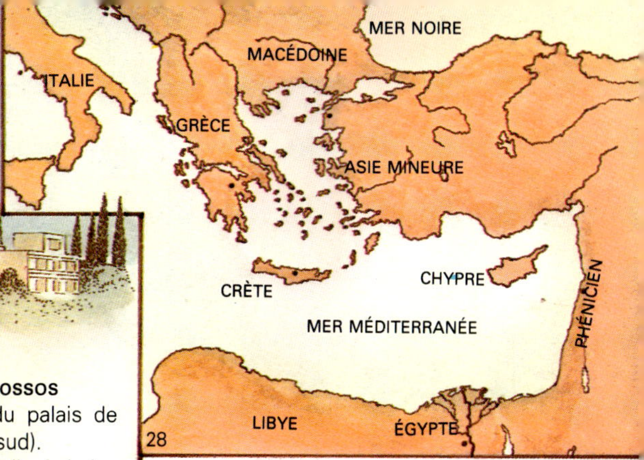

28

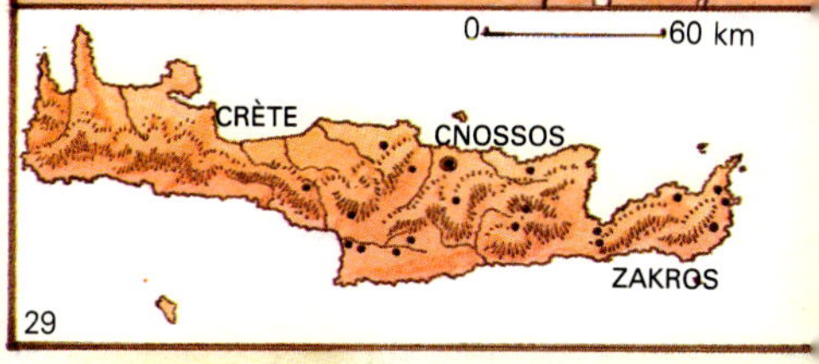

29

19

20

21

22

23

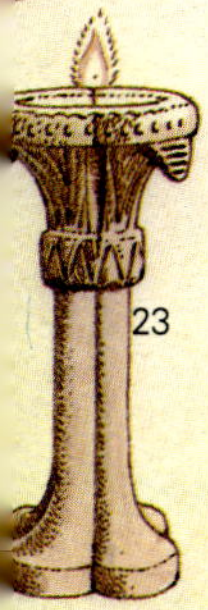

24

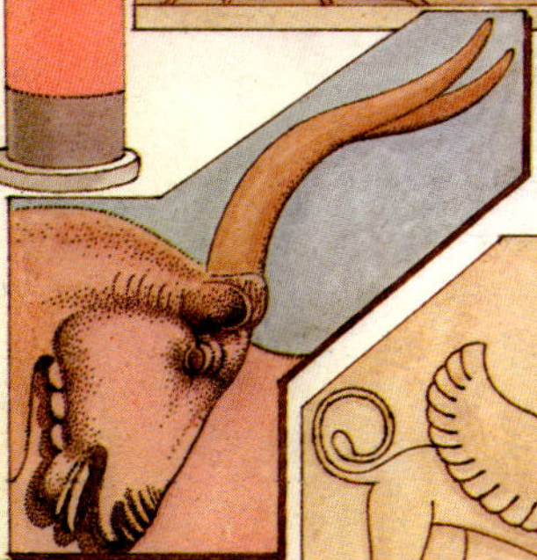

25

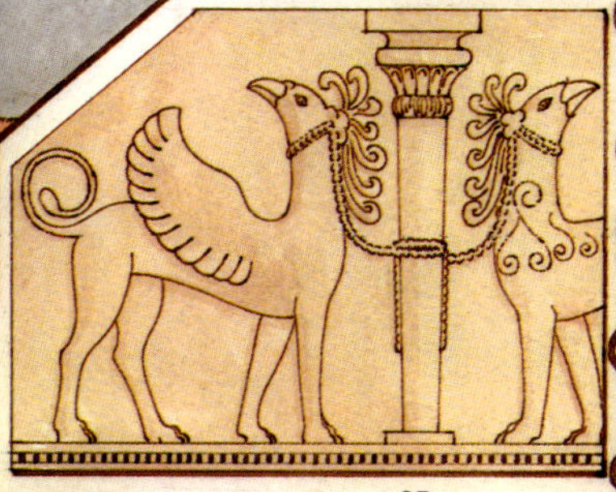

26

△ **Le palais de Cnossos**

18 Reconstitution du palais de Cnossos (porte sud).

19 Colonne ornée (salle de bains de la reine).

20 Colonne du grand escalier de Cnossos en fût de cèdre peint.

21 Fresque représentant une perdrix, une huppe : deux oiseaux nombreux à Cnossos.

22 Détail d'un plafond orné.

23 Lampe de pierre en forme de pilier. Elle éclaire le palais. La lumière est fournie par une mèche trempant dans de la graisse animale.

24 Tête de taureau stylisée (bas-relief peint).

25 Deux griffons attachés à un pilier (bas-relief en plâtre peint).

26 Tuyaux en terre cuite. Ils assurent l'écoulement des eaux. Emboîtés les uns dans les autres, ils sont maintenus par des cordes fixées aux tenons latéraux.

Le palais de Zakros

27 Ce palais était édifié à l'extrémité orientale de l'île. Son plan est typique des palais minoens.

La Crète en Méditerranée

28 La Crète était placée au carrefour des différentes civilisations de la Méditerranée orientale.

29 Carte de la Crète. Les points indiquent les différents palais minoens édifiés dans l'île.

▷ **Les produits de l'artisanat**

30 Trône dit du roi Minos (palais de Cnossos).

31 Table en pierre (Cnossos).

32 Chaise à porteurs en argile modelé (Cnossos).

33 Baignoire de la reine (Cnossos).

34 Vase rituel d'albâtre en forme de coquillage.

35 Rhyton (coupe à boire, rituelle) à tête de taureau en stéatite et cornes en bois doré.

36 Vase orné de lutteurs.

37 Vase rituel en or et cristal de roche (Zakros).

38 Vase dont la décoration reproduit un bas-relief de sanctuaire (Zakros).

39 Coupe princière (Aghia-Triada).

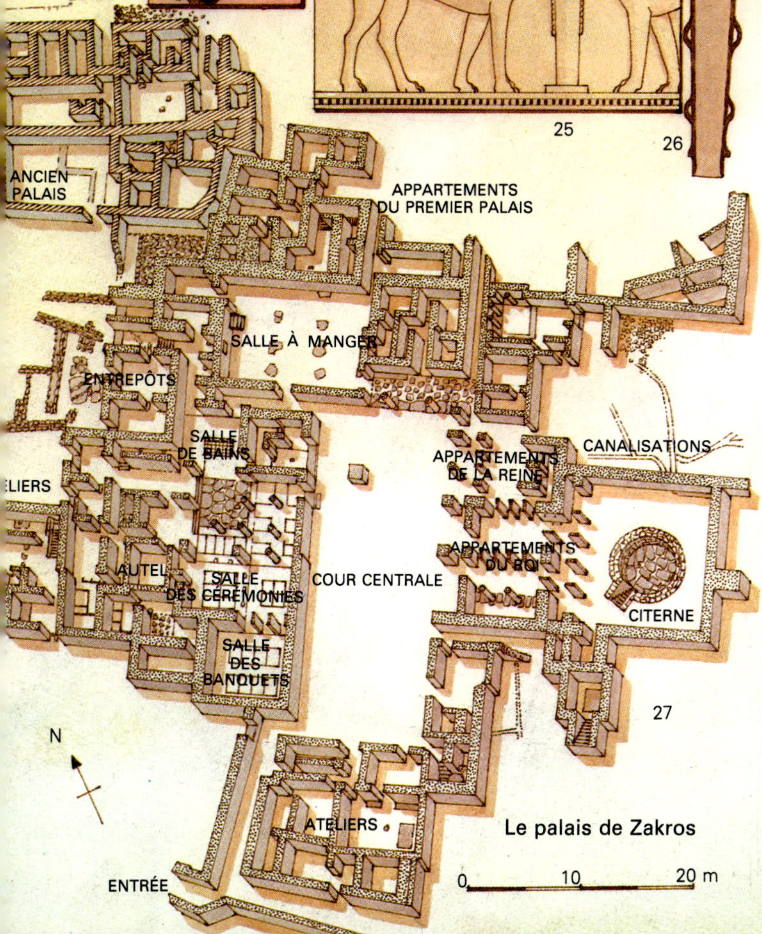

27

Le palais de Zakros

30

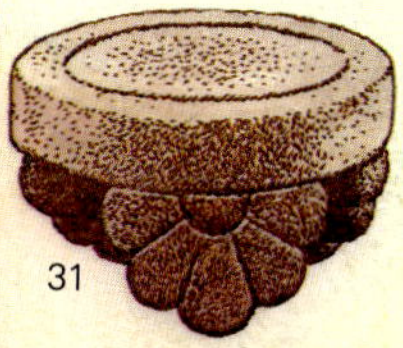

31

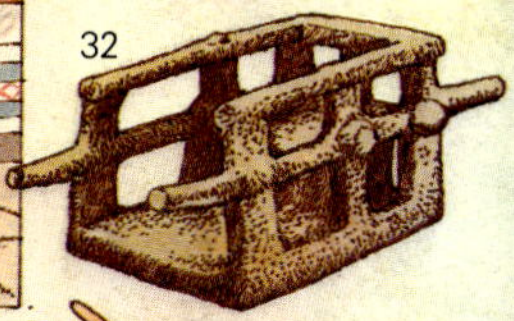

32

33

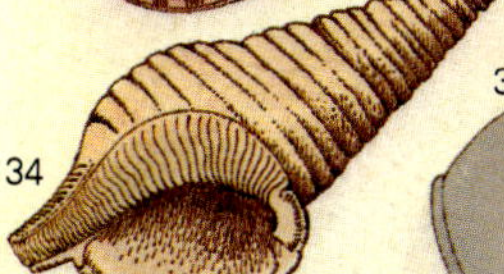

34

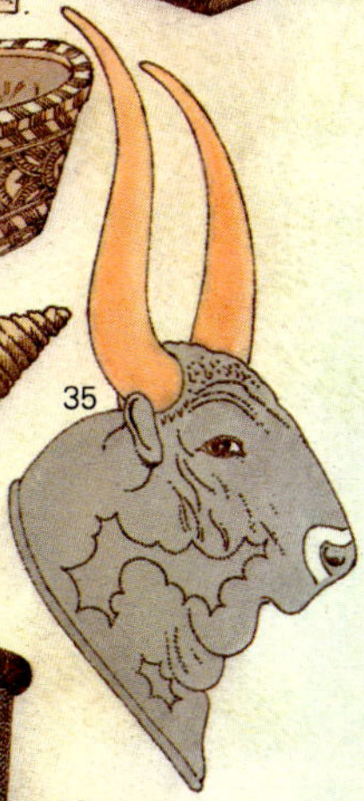

35

36

37

38

39

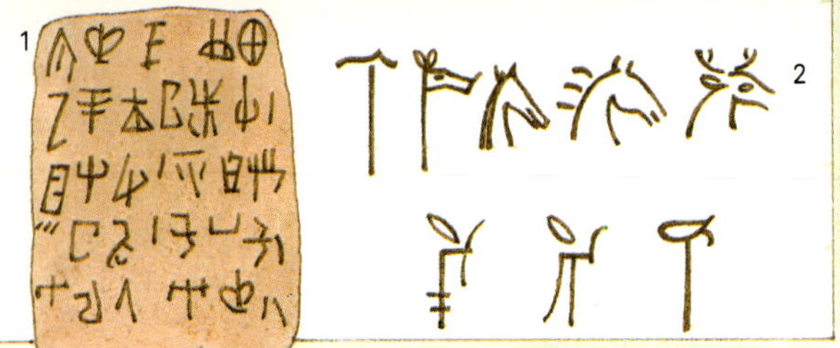

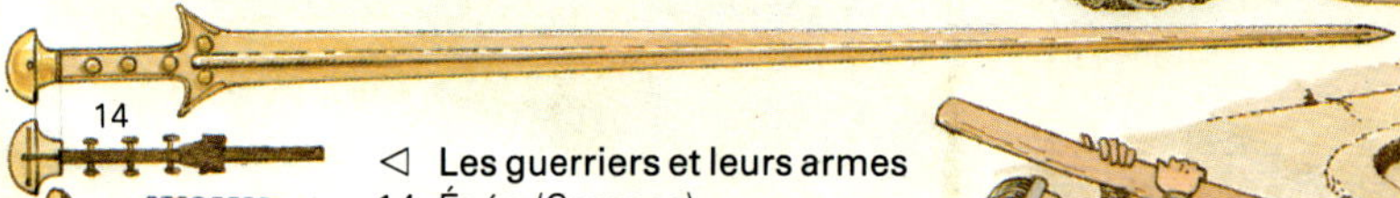

L'écriture minoenne

1 Inscription en linéaire A sur tablette d'argile.

2 Quelques signes du linéaire B. Seule cette dernière écriture a pu être déchiffrée. Des milliers de tablettes ont ainsi pu livrer leurs secrets ; ils s'agissait généralement de textes d'ordre administratif ou comptable.

L'artisanat minoen

3 Aiguière d'argile (Cnossos).

4 Patère de bronze (Cnossos).

5 Coupe minoenne en or (Grèce continentale).

6 Cruche de marbre (Zakros).

7 Vase au poulpe de Gournia.

8 Amphore d'argile à décor peint.

9 Tasse d'argile (Cnossos).

10 Jarre de terre cuite ou pithos (Cnossos).

11 Timbale d'or ornée de taureaux ciselés. Un des sports favoris des Crétois était de sauter par-dessus un taureau en pleine charge. A) décomposition du mouvement.

12 Bateau crétois, reconstitué d'après une fresque de Théra. Les rameurs étaient assis sous le pont.

13 Ancre sculptée.

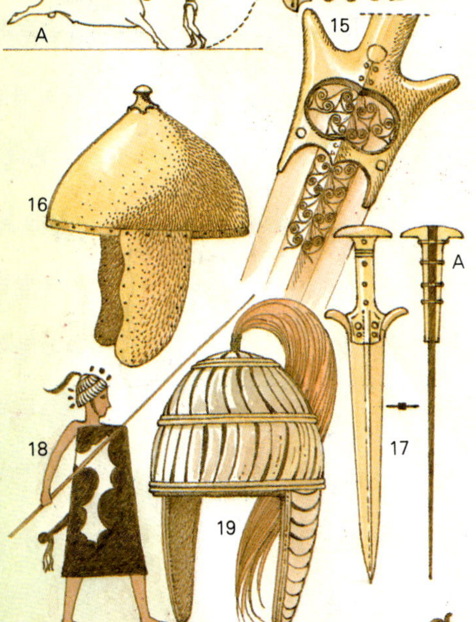
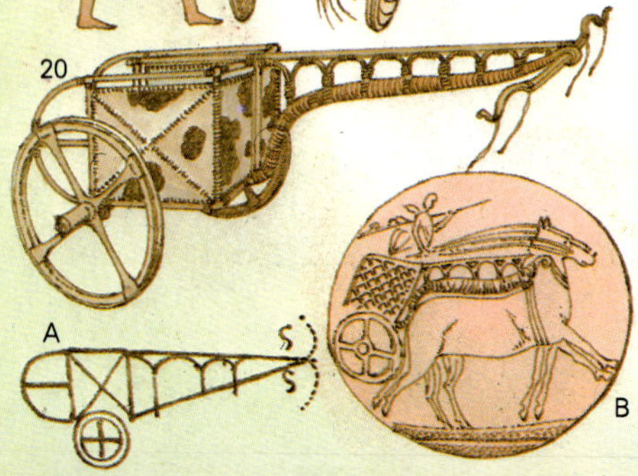

◁ **Les guerriers et leurs armes**

14 Épée (Cnossos).

15 Lame d'épée ciselée.

16 Casque de bronze.

17 Glaive. A) Fixation de la poignée.

18 Guerrier portant un grand bouclier en forme de tour (fresque).

19 Casque en défenses de sanglier.

20 Char minoen reconstitué d'après un idéogramme (A) et un sceau (B).

▷ **Le développement de l'agriculture**

21 Moulin à blé.

22 Pressoir à vin.

23 Homme travaillant au pressoir à huile. L'huile tirée des olives est recueillie dans des jarres enfouies dans le sol.

24 Fourche à foin en bois.

25 Araire crétois.

26 Attelage de bœufs. Le bœuf était le principal animal de trait en Crète.

27 Joug à bœufs encore en usage en Crète. L'idéogramme A représente un joug de l'époque minoenne.

28 Ane bâté modelé en argile.

29 Bœuf modelé en argile.

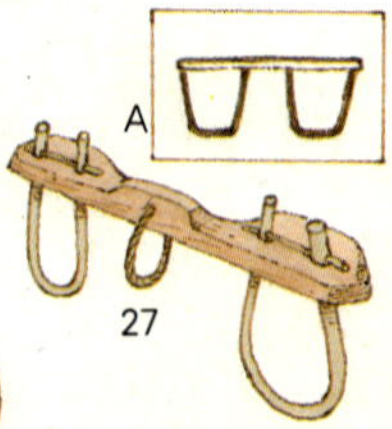
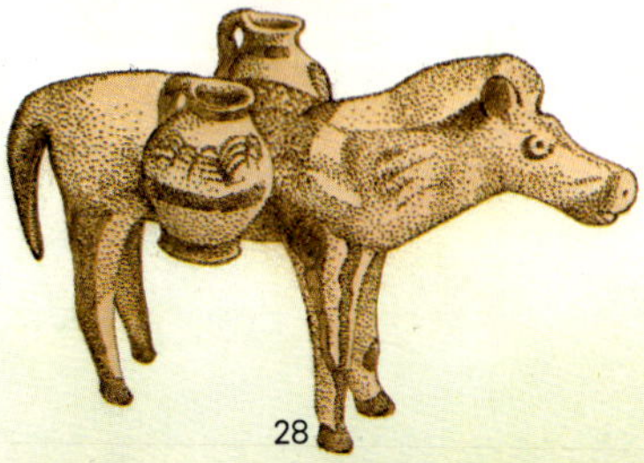
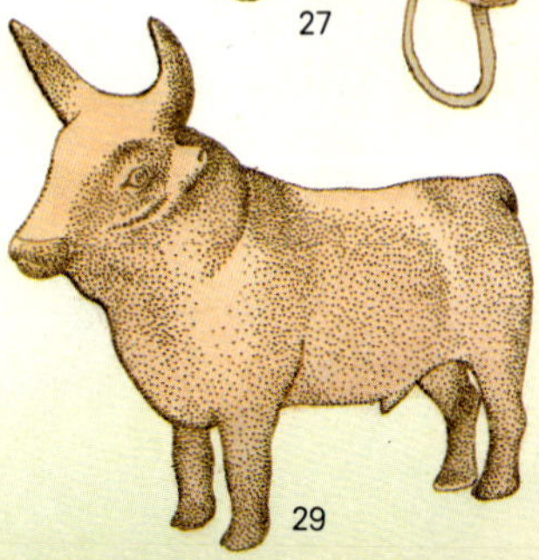

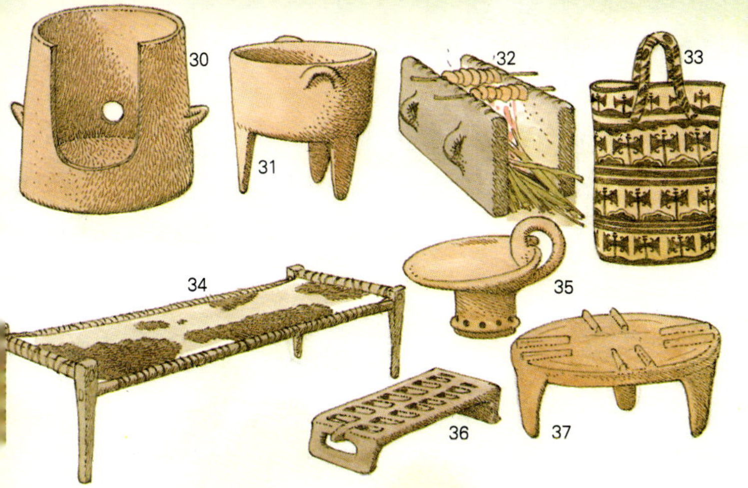

△ **Le mobilier**
30 Brasero de terre cuite.
31 Marmite de terre cuite.
32 Support de brochettes en brique.
33 Vase d'argile en forme de panier. Des doubles haches peintes symbolisent les forces divines du Ciel.
34 Lit (Théra).
35 Encensoir ou lampe à huile.
36 Grill en argile. Placé au-dessus de charbons ardents, il permet la cuisson des aliments.
37 Table d'argile (Cnossos).

▽ **La cité de Zakros**
Reconstitution de la cité de Zakros. Le palais est situé à l'arrière-plan. La forme des maisons nous est connue grâce à de petites pièces de terre cuite vernie, exhumées lors des fouilles.

La civilisation crétoise est alors à son apogée. Maître du trafic maritime, l'île inonde le bassin oriental de la Méditerranée de ses produits : poteries, armes, bijoux. Elle exporte également ses produits agricoles : huile, vin, céréales. En retour, minerais, or et pierres destinés à la confection de vases, d'armes, d'étoffes, de verre, de bijoux, lui arrivent d'Égypte, d'Asie Mineure, de Chypre et de Grèce. La vie d'alors est d'un incomparable raffinement et d'un confort étonnant. Les femmes, fardées, parées de bijoux, portent des jupes à volants cousues et des corsages à larges échancrures. Elles jouent certainement un rôle de premier plan dans la société de l'époque.

Au IIe millénaire, un réseau développé de routes aux dalles solides reliaient les principales cités entre elles. Enrichies par le commerce, ces dernières développent un luxe et un confort sans commune mesure avec les autres civilisations de l'époque : des égouts permettaient d'évacuer les eaux usées ; les maisons avaient plusieurs étages, des balcons et des terrasses, des salles de bains.

L'écriture

Les Crétois ont inventé trois systèmes d'écriture. Le plus ancien (2000 av. J.-C.) utilise des sortes d'hiéroglyphes. Au début du second millénaire apparaît un système syllabique que l'archéologue Evans appelle linéaire A. C'est de lui que dérive le linéaire B, système graphique plus évolué, proche du grec ancien. Seul ce dernier a pu être déchiffré.

△ **Reconstitution de Zakros**
Carreaux de faïence décorés représentant des maisons. Trouvés sur le site de Zakros, ils laissent penser que les habitants de Zakros aimaient à décorer leurs maisons de bandes ou de briques de couleurs différentes.
Fouilles de Zakros. Les fouilles ont mis au jour un quartier de petites maisons et d'échoppes d'artisans. Dans cette ville bâtie à flanc de colline, nombreuses sont les rues en escalier, ce qui rend malaisé le transport des marchandises. Les chariots et les charrettes ne peuvent circuler que dans les voies plus larges, au flanc de la colline. Les animaux de bât étaient dans ce cas utilisés comme principal moyen de transport.

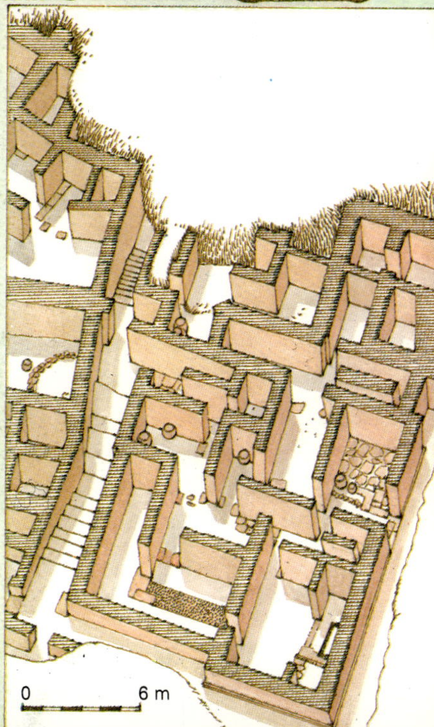

Les anciens Grecs

De 2000 à 1200 av. J.-C., les premiers peuples, ancêtres des Grecs, envahissent la péninsule grecque. Par leur langue, ils se rattachent aux peuples indo-européens.
Les premiers arrivés sont les Achéens qui s'installent sur les collines et les côtes du Péloponnèse. On a retrouvé des restes de leur civilisation à Mycènes, Tirynthe et Pylos. Les Achéens s'organisent en États indépendants, gouvernés par des princes qui vivent dans de vastes et prestigieux palais. Ceux-ci, dominant des collines escarpées, constituent de véritables forteresses protégées par de puissantes murailles. Les princes dirigent des guerriers qui possèdent des armes de bronze et montent sur des chars. Princes et grands dignitaires se font enterrer dans des tombeaux géants.

La Grèce des cités
Cette brillante civilisation influencée par la Crète s'effondre en 1100. Les villes sont détruites, les échanges interrompus. De nouveaux envahisseurs venus du nord comme eux, les Doriens, s'emparent alors de la Grèce et introduisent l'usage du fer. Après quatre siècles de déclin, les activités commerciales renaissent et la prospérité revient dans le pays. De nouvelles villes sont fondées sur les rives d'une grande partie de la Méditerranée. Indépendantes, parfois opulentes, elles forment de minuscules États : les cités, qui se querellent fréquemment. Les plus actives sont Athènes en Attique, Sparte et Corinthe dans le Péloponnèse, Thèbes en Béotie. Les plus puissantes vont fonder des colonies en Asie Mineure, sur les bords de la mer Noire et même loin vers l'ouest, sur les côtes de l'Italie du Sud, de la Sicile, jusqu'aux rivages de la Gaule (Marseille).
Toutes ces cités, même si elles sont rivales, honorent les mêmes dieux et parlent la même langue : les Grecs ont inventé le premier alphabet complet en y introduisant des voyelles. Aux ve et ive siècles, la civilisation grecque est à son apogée et influence l'ensemble du bassin méditerranéen. C'est surtout Athènes qui rayonne par sa puissance militaire, par sa culture originale et brillante, Athènes qui a inventé une nouvelle forme de gouvernement, la *démocratie,* ou gouvernement du peuple par le peuple.

1

2
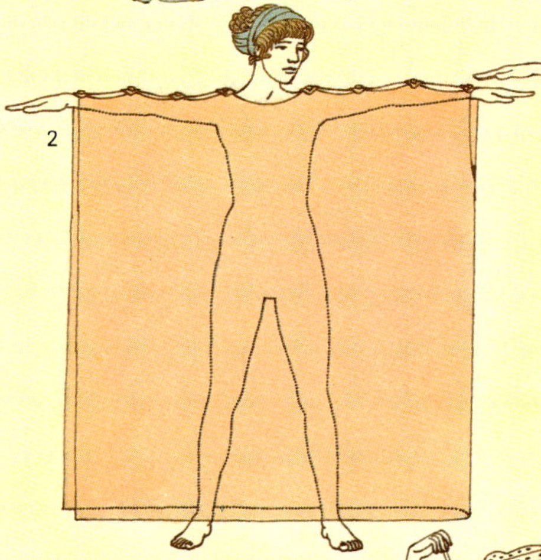

3
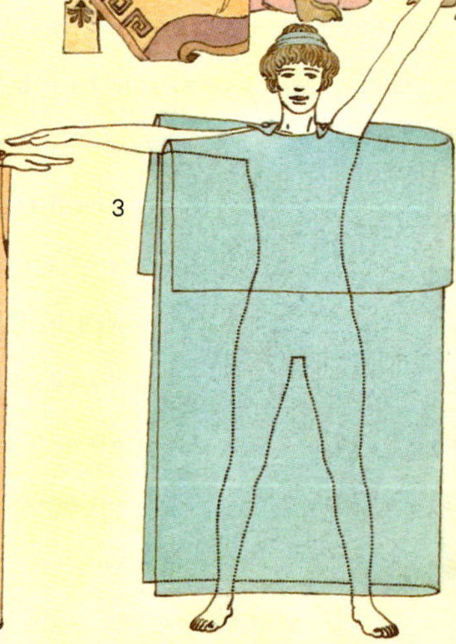

4 5 6 7 8 9 10 11 12
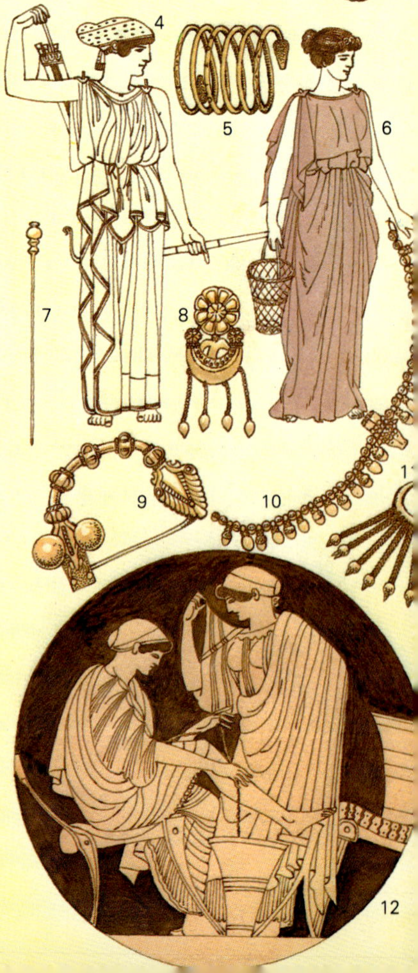

Vêtements et bijoux féminins
1 Dans le gynécée, une pièce qui leur est spécialement réservée, les femmes cousent assises sur des pliants
2 Tunique ionienne ou *chiton.* C'est une pièce de tissu rectangulaire de 1,5 mètre de large sur 3 mètres de long, que l'on plie en deux. Les manches sont maintenues par des fibules et la tunique est serrée à la taille par une ceinture.
3 Chiton dorien plus élaboré. Il n'est maintenu aux épaules que par deux fibules.
4 Déesse chasseresse.
5 Bracelet d'or.
6 Chiton dorien porté tous les jours.
7 Épingle utilisée pour fixer les bandeaux.
8 Boucle d'oreille d'or (450 av. J.-C.).
9 Fibule d'or (500 av. J.-C.).
10 Collier d'or (Athènes).
11 Boucle d'oreille d'or (350 av. J.-C.).
12 Deux femmes vêtues du *peplos,* sorte de manteau en laine porté sur le chiton. La femme assise roule les fils de laine sur sa jambe.

Vêtements et effets personnels

13 Miroir en bronze poli.
14 Coffre en bois pour effets personnels.
15-16 Coffrets à bijoux.
17 Botte en cuir portée par les messagers.
18 Botte en cuir pour soldat.
19 Chaussure en cuir mince à lacets fixé à la semelle.
20 Chaussure en cuir à lacets.
21 Pot pour produit de beauté.
22 Flacon pour huile parfumée.
23 Sandale en cuir de soldat.
24 Sandale grecque ou « pidila ».
25 Coiffure masculine.
26 Chapeau à larges bords.
27 Himation, manteau sans manche qui couvre le court chiton des hommes.
28-29 Deux autres manières de porter l'himation (céramique peinte).
30 Himation porté seul.

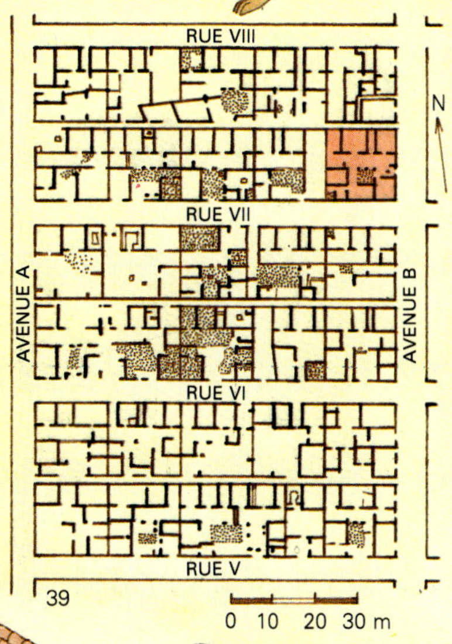

Maisons et mobilier

31 Lit avec matelas et coussins. Les Grecs, tout comme les Romains plus tard, s'allongent sur des lits pour les banquets et les réunions.
32 Chaise à pieds métalliques.
33-34 Tabourets.
35 Chaise de métal réservée aux personnages importants.
36 Lampe à huile à pied de bronze.
37 Table de bois aux pieds en bronze.
38 Lampe à huile en bronze.
39 Plan en damier d'un îlot de la nouvelle cité d'Olynthe bâtie vers 432 av. J.-C. Le carré rouge indique une maison particulière.
40 Reconstitution d'une grande maison grecque. Un passage conduit de la rue à la cour, sur laquelle donnent toutes les pièces de la maison. Les chambres à coucher et le gynécée (l'appartement des femmes) sont à l'étage. Cette maison est en pierre mais la plupart sont plus simplement bâties en briques crues sur une fondation de pierre.
41 Pivots destinés à tourner sur des gonds scellés dans les montants du seuil : c'est le système d'ouverture des portes de la maison d'Olynthe.
42 Serrure de porte et clé (A). La clé soulève deux gâches qui maintiennent le pêne ; on peut aussi le manœuvrer en tirant une corde.

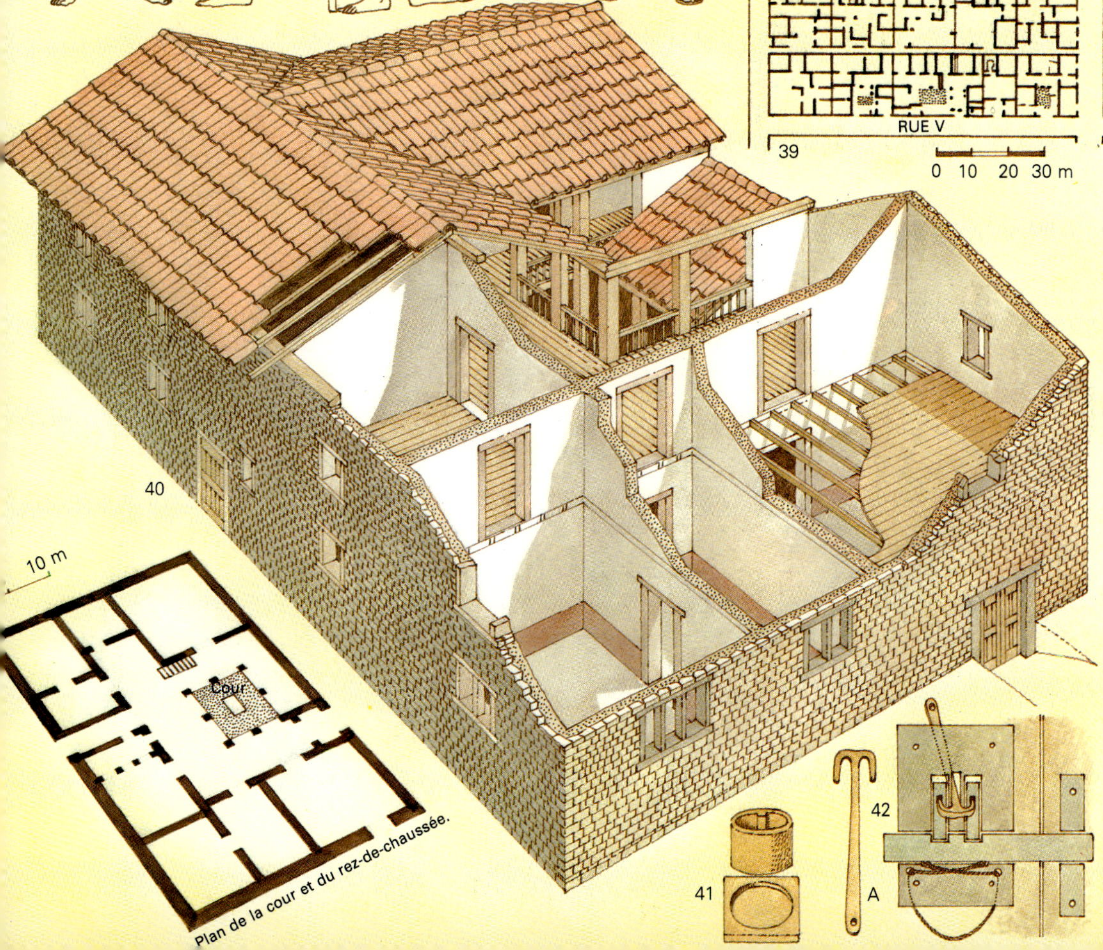

Plan de la cour et du rez-de-chaussée.

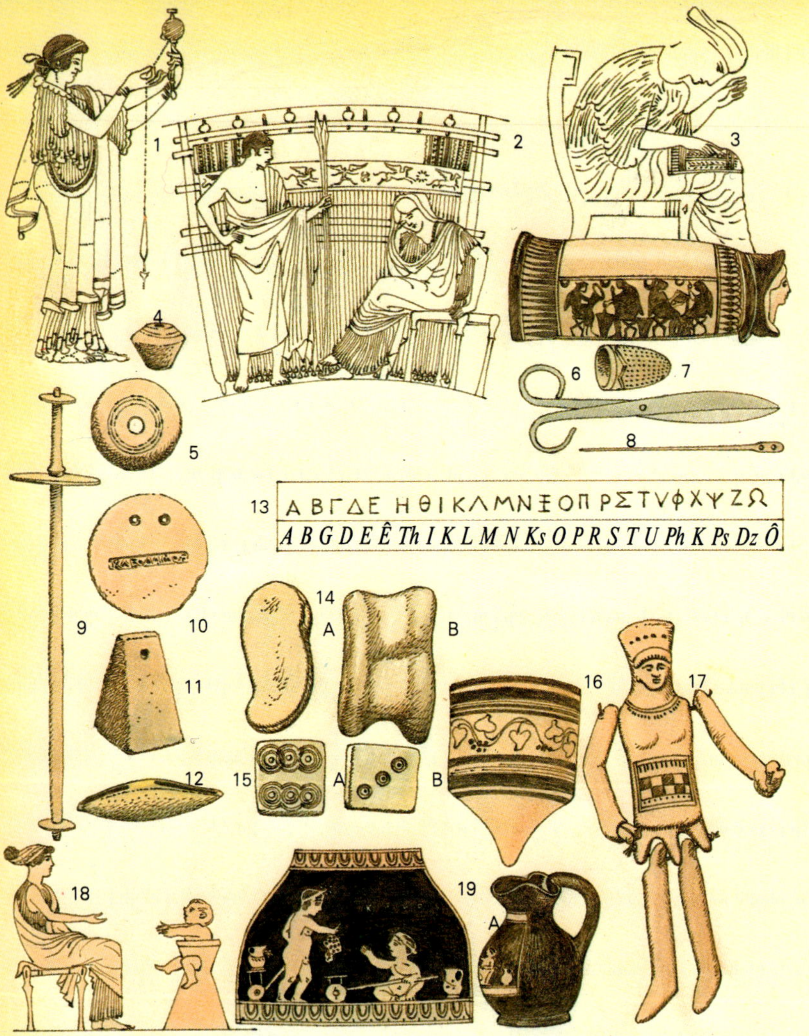

Filage et tissage

1 Femme filant la laine.
2 Métier à tisser vertical. Les fils de chaîne sont tendus par des poids.
3 « Épinétron », instrument semi-cylindrique d'argile qui, placé sur le genou, servait à carder les fibres de laine avant de les filer.
4 Peson en argile.
5 Sommet d'un fuseau d'ivoire.
6 Ciseau en fer.
7 Dé à coudre de bronze.
8 Aiguille de bronze.
9 Broche de bronze.
10-11 Deux types de poids de métier à tisser.
12 Navette de bronze.

Jouets et jeux

13 Alphabet grec primitif. En dessous : transcription phonétique en alphabet latin.
14 Osselet vu de face (B) et de profil (A). Le jeu consiste à les lancer et les rattraper sur le dos de la main.

Les enfants sont élevés à la maison jusqu'à l'âge de sept ans. Ils ont de nombreux jouets.

15 Dé en ivoire de face (B) et de profil (A).
16 Toupie d'argile peinte.
17 Poupée d'argile.
18 Bébé dans sa chaise de poterie décorée face à sa mère assise.
19 Enfants jouant avec des chariots (d'après une cruche (A) à décor peint).

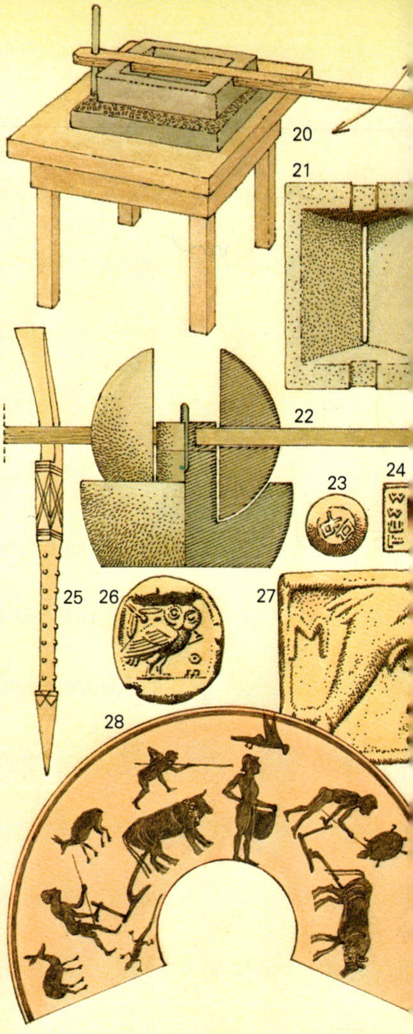

La vie quotidienne au ve siècle av. J.-C.

La vie de tous les jours nous est connue surtout par des témoignages sur la splendeur d'Athènes. Nous savons par exemple que la plupart des maisons sont faites de torchis, de bois, de briques et de cailloux. Elles sont éclairées par des lucarnes sans vitres et protégées l'hiver par des volets en bois. Les murs sont blanchis à la chaux, à l'extérieur comme à l'intérieur. Les pièces ne s'ouvrent pas sur la rue, elles donnent sur une cour intérieure.

Dans les riches demeures, les femmes restent confinées dans une pièce spéciale, le *gynécée*. Toute leur vie est organisée pour leur foyer : elles surveillent les travaux ménagers et se chargent de l'éducation des jeunes enfants.

Urbanisme et architecture

Les architectes portent leurs efforts sur les monuments publics, le temple surtout qui devient un sujet d'orgueil pour la cité. Dès le VIe siècle, le plan du temple, les procédés de construction, la disposition des colonnes sont fixés et codifiés ; ils ne varieront plus beaucoup par la suite. Ils sont construits avec des blocs de marbre soigneusement taillés et scellés les uns aux autres par des crampons de plomb. Deux styles de temples rivalisent : le dorique, sobre et trapu, et l'ionique aux colonnes élancées. Plus tard, apparaît l'ordre corinthien, avec ses chapiteaux ornés de feuilles d'acanthe.

Au début du ve siècle, les villes grecques se développent selon une nouvelle conception due à un urbaniste-géomètre de génie, Hippodamos de Milet : elles ont désormais une organisation rationnelle, fondée sur un plan à damiers (cf. n° 39 p. 43) qui s'adapte au site, comme à Priène sur les côtes de l'Asie Mineure (reconstitution ci-contre). Bâtie sur les pentes d'une colline escarpée, la ville compte alors six rues orientées est-ouest, coupées par des voies nord-sud souvent formées d'escaliers. Le centre est occupé par la place du marché ou *agora*, bâtie en terrasse et dominée par le théâtre et le temple d'Athéna, une des principales divinités grecques. L'ensemble est majestueusement surplombé par l'acropole, citadelle fortifiée qui dresse ses murs à 300 mètres au-dessus de la cité.

Des techniques évoluées
20 Moulin à blé à pression.
21 Pierre de moulin à pression. Le grain moulu s'écoule à travers la fente centrale.
22 « Trapetum », instrument qui presse les olives sans écraser les noyaux (500 av. J.-C.).
23-24 Poids en plomb.
25 Stylet. Il sert à écrire sur une tablette en bois enduite de cire.
26 Pièce athénienne avec figure de chouette, l'oiseau d'Athéna.
27 Poids de bronze.
28 Vase à décor peint représentant les labours et les semailles.

Vases et récipients
29 Amphores.
30 Jarres à trois anses.
31 Trois types de cruches à une anse.
32-34 Cratères pour mélanger le vin.
35-37 Trois types de coupes à boire.
38 Femme décorant un vase.
39-41 Flacons de parfums.
42 Potier sur son tour (fresque).
43-44 Pots pour produits de beauté avec couvercle.

L'architecture grecque
45 Tuiles de Laconie.
46 Type de construction grecque primitive. Les tuiles du toit reposaient sur une couverture en torchis.
47 Tuiles siciliennes.
48 Tuiles de Corinthe.
49 Détail de l'architecture du Parthénon à Athènes (ve siècle av. J.-C.).
50-52 Les trois styles de temples grecs. Le dorique (50), le plus ancien avec ses larges colonnes, dépourvues de base, l'ionique (51), plus élancé, et le corinthien (52) aux chapiteaux ornés de feuilles d'acanthe, employé après l'âge classique.
53 Schémas des principaux types de temples grecs (du plus récent au plus ancien).
54 Façade d'un temple dorique (Delphes). A) Coupe.
55 Façade d'un temple ionique (Erechtéion d'Athènes, ve siècle av. J.-C.).
56 Temple de Poséidon à Paestum (Italie du Sud). Style dorique.
57 Reconstitution imaginaire du centre de la cité de Priène, en Asie Mineure. La cité est bâtie à flanc de colline selon un plan à damier. Six rues principales est-ouest coupent les rues nord-sud généralement en escalier.

Les principaux sites ▷ de la Grèce antique

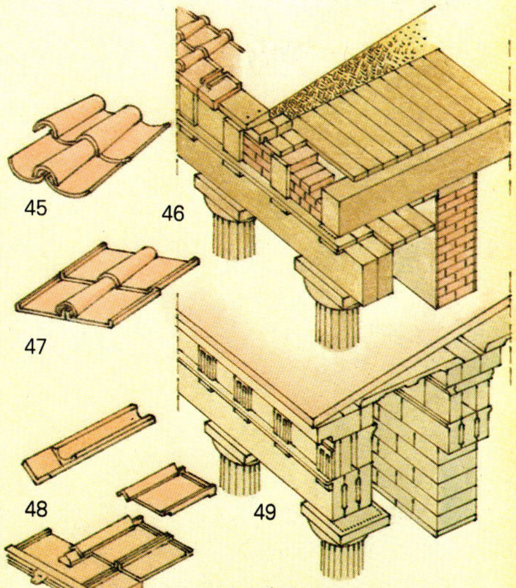

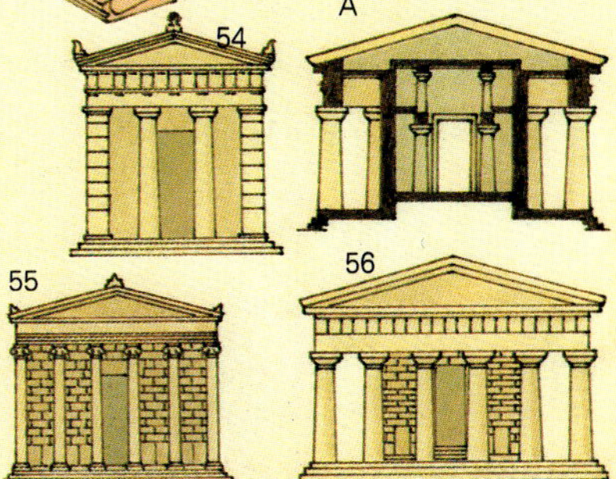

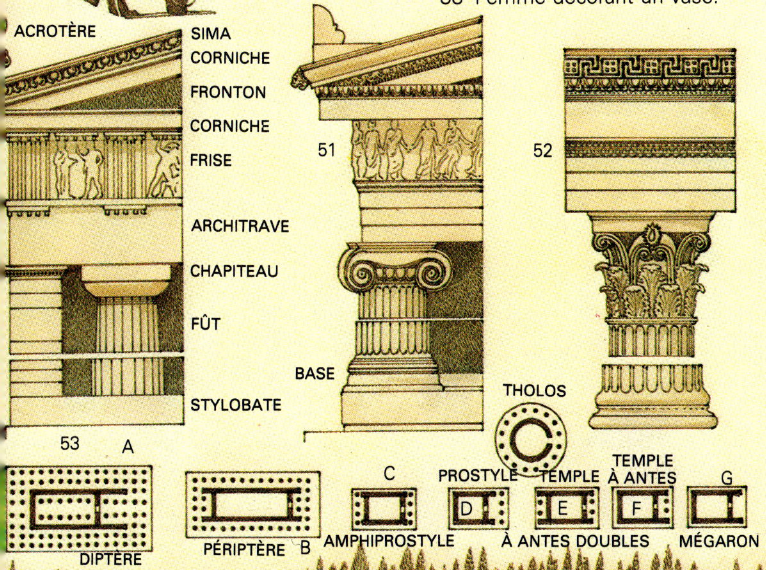

Les Étrusques

Avant de dominer entièrement l'Italie, les Romains ont dû vaincre et faire disparaître un peuple puissant, les Étrusques. Du VIIIe au IIIe siècle av. J.-C., ceux-ci avaient développé une civilisation originale en Toscane, région de l'Italie centrale limitée par l'Arno au nord, le Tibre au sud et la chaîne des Apennins à l'est.

Une histoire mouvementée

Ce sont sans doute les riches gisements de fer et de cuivre qui ont attiré les Étrusques dans cette contrée. Ils ont d'abord occupé la côte avant de remonter les vallées. Au Ve siècle, ils occupent le Latium et président aux destinées de Rome. Ils dominent la Campanie et fondent les villes de Capoue et de Nole, mais se heurtent aux Grecs qui mettent un terme à leur expansion vers le sud. Au nord, la puissance étrusque s'étend à la plaine du Pô. Maîtres des cols alpins, ils peuvent ainsi exporter leurs produits jusqu'en Rhénanie.

La puissance étrusque est cependant éphémère. En moins d'un siècle, leur « empire » s'effondre. Leur flotte est détruite par les Grecs, puis ils perdent la Campanie, envahie par les Samnites, et la plaine du Pô, conquise par les Gaulois. Enfin, au IIIe siècle, ils sont définitivement vaincus par les Romains qui occupent toute l'Étrurie.

L'habitat étrusque

La civilisation étrusque s'organise autour de quelques villes (cf. carte p. 49) gouvernées par des rois et des magistrats choisis au sein de familles aristocratiques. Ces villes indépendantes se font la guerre et contractent des alliances à leur gré. Une douzaine d'entre elles sont cependant regroupées en une puissante confédération.

Sur la vie des Étrusques, nous disposons essentiellement des indications fournies par les auteurs grecs et latins. Les vestiges archéologiques sont toujours rares et fragmentaires.

Généralement bâties en torchis ou en briques crues, les maisons étrusques comprennent plusieurs pièces qui donnent sur une cour intérieure où se trouve un puits. Néanmoins on a retrouvé de grands ensembles architecturaux qui servent peut-être de résidences aux seigneurs. Celle qui est représentée ci-contre fut édifiée au IIIe siècle av. J.-C. en Étrurie centrale.

Un noble étrusque chez lui

1 Carreau en terre cuite d'un palais-sanctuaire étrusque près de Sienne (550 av. J.-C.) représentant une dame et sa femme de chambre.
2 Couple d'aristocrates et leur servante. Reconstitution d'après le carreau 1. Les fauteuils sont en osier. On ignore l'usage exact du seau tenu par la servante.
3 Botte masculine (VIe siècle av. J.-C.).
4 Chausson de dame de la même période.
5 Épingle à cheveux (Sienne).
6-7 Boucles d'oreilles en or. Leur finesse témoigne de l'adresse des orfèvres étrusques.
8 Fibule vue des deux côtés.
9 Fiole à huile et parfums, en terre cuite.
10 Pot en albâtre pour les parfums et les huiles.
11 Coiffure d'une aristocrate, d'après une statue du site étrusque de Clusium (Chiusi).
12 Procession (carreau en terre cuite). Cette scène est reconstituée p. 47.

Les ornements du toit de Poggio-Civitate

13 Antéfixe de bordure de toit en terre cuite représentant une tête peinte de Gorgone, monstre mythologique. Ces tuiles ornent les toits des édifices importants.
14 Couverture du toit (détail). Les tuiles creuses couvrent la jointure des tuiles plates ; l'antéfixe masque le vide des tuiles creuses. Antéfixes représentant une tête de lapin (15) et d'homme (16).

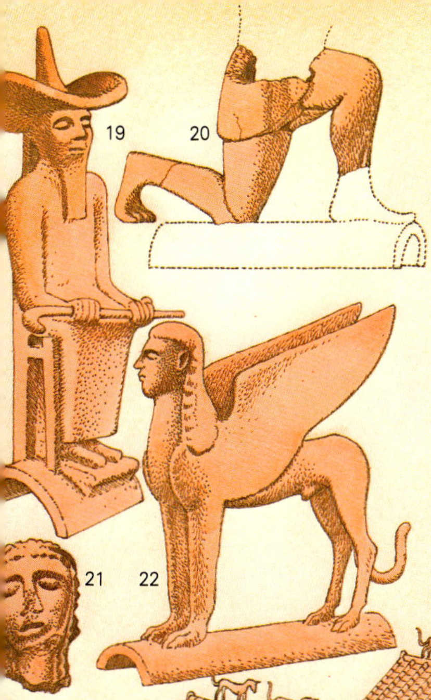

17 Fragment d'une frise ornée de lévriers. La frise décore la bordure du toit donnant sur la cour.
18 Autre fragment de bordure de toit ornée. L'eau de pluie s'écoule par le chien à gueule ouverte qui fait office de gargouille. Ce type de toit — un assemblage de tuiles plates et creuses en terre cuite — est toujours en usage en Italie centrale.
19 Une des treize statues en terre cuite qui ornaient le faîte de la toiture nord d'un édifice étrusque exhumé à Poggio-Civitate près de Sienne (Italie, 550 av. J.-C.). Elles représentent des personnages assis portant des chapeaux à larges bords comme en ont encore les paysans de la région.
20 Fragment d'une Gorgone, genou en terre.
21 Tête de statue.
22 Sphinx. Toutes ces terres cuites ornaient le toit de l'édifice de Poggio-Civitate.

▽ **Poggio-Civitate**
D'après la taille et les ornements de l'édifice, Poggio-Civitate est un site important. Les bâtiments entourent une cour où un petit espace enclos sert sans doute de lieu de prière. Un auvent à colonnade ombrage la cour sur trois côtés. Les murs en torchis reposent sur des fondations en pierre (A).

Poggio-Civitate.

Procession.

1

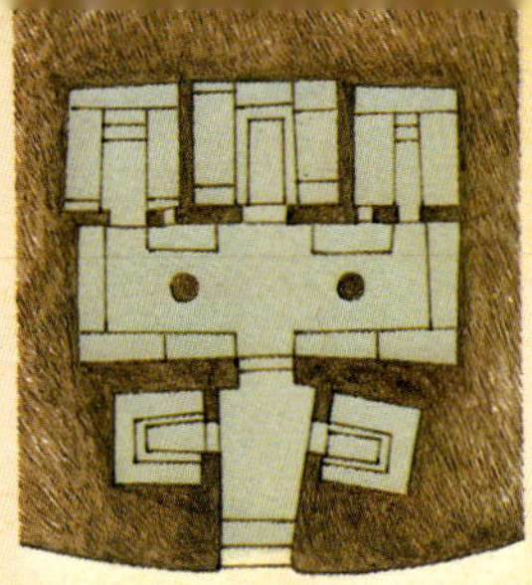
2

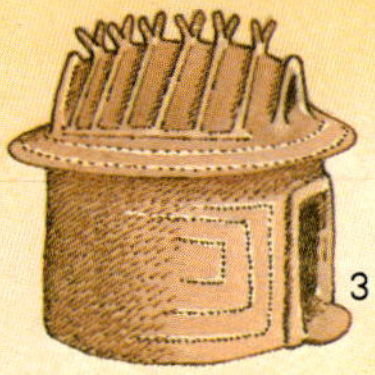
3

4

5

6 7

8

9

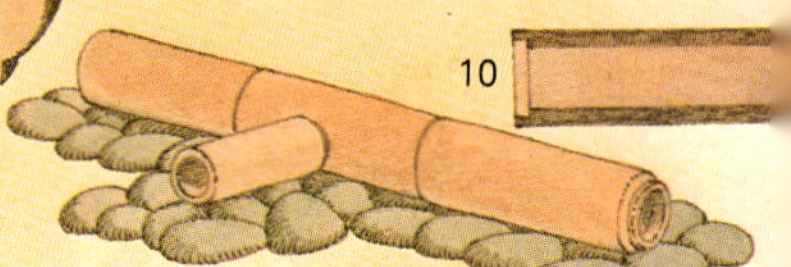
10

11

La vie quotidienne chez les Étrusques

Ce sont les nombreuses tombes exhumées en Étrurie du Sud qui nous ont renseignés sur l'aménagement des demeures des vivants.

1 Tombe du dieu Capitolin à Caere (Cerveteri). Elle donne une idée de l'intérieur d'une maison étrusque au VIe siècle av. J.-C.
2 Plan du tombeau.
3 Urne funéraire en terre cuite contenant les cendres du défunt.
4 Urne funéraire (VIIe siècle av. J.-C.) en forme de maison.
5 Reconstitution d'une maison exhumée près de Viterbo. A droite, son plan (A).
6-7 Plans d'autres maisons retrouvées sur le même site.
8 Tuile peinte d'Acquarossa ornant la bordure du toit.
9 Tuile faîtière à décoration (Acquarossa).
10 Conduites d'eau en terre cuite (Marzabotto, près de Bologne).
11 Deux coupes d'une tombe à tumulus typique de l'Étrurie du Nord.
12 Sarcophage d'argile représentant la défunte sur son lit de mort.
13 Urne funéraire en pierre sculptée.
14 Pierre tombale (Étrurie du Nord).
15 Reconstitution du temple de Véies (VIe siècle av. J.-C.). A : son plan. A droite, statue (B).
16 Candélabre de bronze.
17 Trépied de bronze en usage dans les temples.
18 Foie de mouton modelé en bronze utilisé par les prêtres lors des cérémonies religieuses.
19 Borne en pierre servant à délimiter les aires sacrées.
20-21 Crécelle en bronze ornée de scènes de tissage.
22 Bobine en argile.
23 Fuseau.
24-26 Trois types de vases en céramique.
27 Porte-vases.

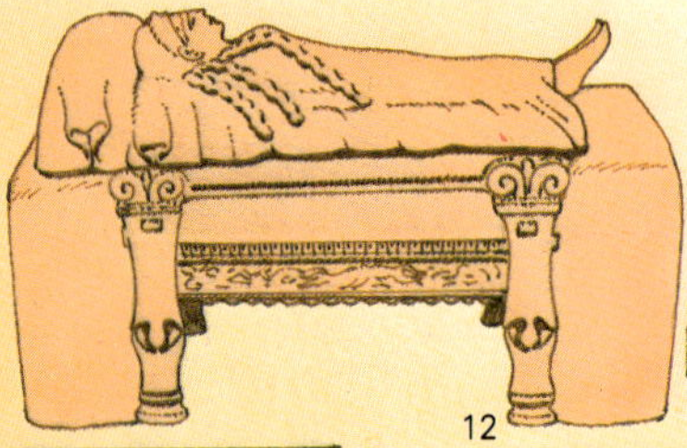
12

13

14

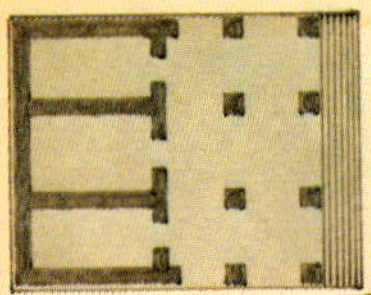
A

15

B

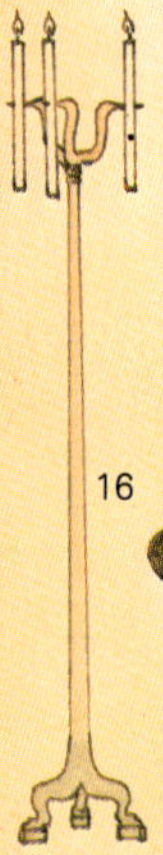
16

17

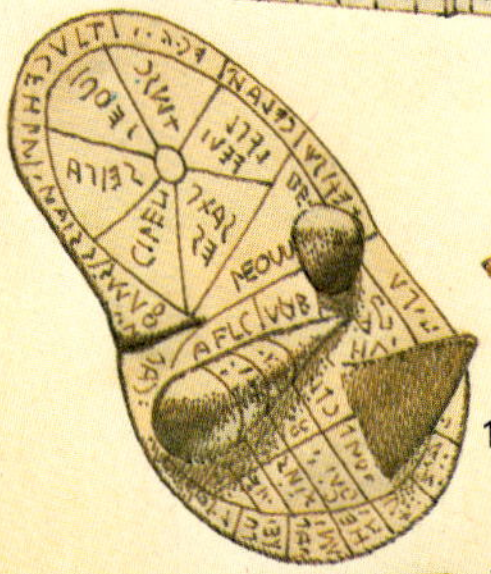
18

19

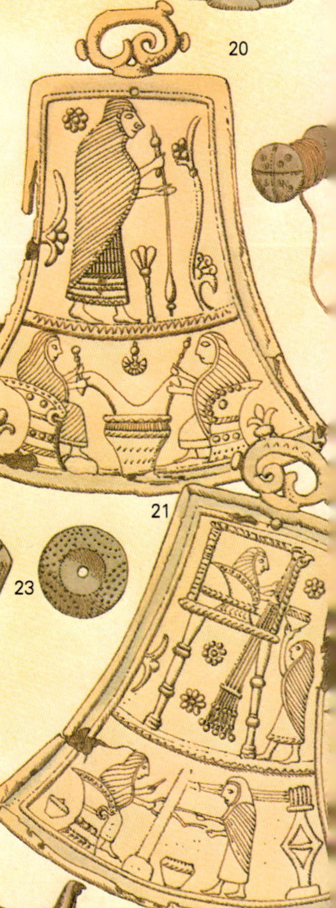
20 21

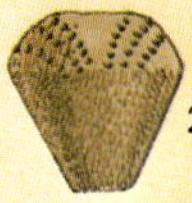
23

24 25 26

Une civilisation fort évoluée

Les Étrusques ont laissé de nombreuses inscriptions, mais leur langue n'a pas encore été déchiffrée. On sait seulement qu'elle n'a de rapports avec aucune autre langue connue, si ce n'est celle des Lydiens, peuplade d'Asie Mineure.

Leur civilisation qui subit de fortes influences grecques se développe cependant de façon très originale. Excellents agriculteurs, les Étrusques savent irriguer leurs champs et drainer les terrains marécageux. Ils cultivent les céréales et les légumes, la vigne, l'olivier et le lin, et pratiquent l'élevage.

Industriels et commerçants, ils excellent dans le travail des métaux (cuivre, bronze, fer) et fabriquent de nombreux objets en terre cuite : vases, urnes funéraires, statues, bas-reliefs pour la décoration de leurs monuments. Leurs poteries noires imitent le bronze et concurrencent les poteries grecques en Italie et en Gaule. Par ailleurs, ils peuvent être de redoutables pirates.

Bâties selon un plan à damiers, les villes sont entourées de puissantes murailles, et comportent des égouts et des rues dallées. Architectes de talents, les Étrusques édifient des routes et des ponts. Ils introduisent en Italie la voûte, qui jouera un rôle considérable dans l'architecture romaine.

L'art des dieux et des morts

Les Étrusques développent tout un art autour du monde de la mort. Les défunts sont enterrés dans des tombes d'une construction élaborée : souterraines, elles sont creusées dans le tuf volcanique ; à l'air libre, elles sont édifiées en forme de tumulus ou de petite colline. Pour rendre agréable ce séjour dans l'au-delà, les vivants l'aménagent comme leur propre demeure : ils l'ornent de fresques, de statues, de vases, y déposent armes et bijoux. Les artistes sculptent à cet effet quantité d'œuvres de terre cuite et de bronze : bustes, figurines, sarcophages.

Ce peuple, qui vénère de nombreuses divinités, est soucieux de connaître leurs volontés. Ils procèdent donc à des cérémonies magiques : ils observent le vol des oiseaux et les entrailles d'animaux spécialement sacrifiés pour y trouver des signes de leur avenir. C'est l'art de la divination. Il est probable qu'ils sacrifient aussi des êtres humains. Chez les Romains, qui seront très influencés par cette religion, les combats de gladiateurs livrés en public à la mort rappelleront ces coutumes sanglantes.

▷ **Le pays étrusque**
Cette carte représente le pays étrusque (en rouge), l'Étrurie, et ses principales cités, lors de son apogée au VIe siècle av. J.-C. Son extension politique et culturelle figure en orange. Si les Étrusques inondent de leurs produits l'Italie et l'Europe, leur influence politique est faible au sud de Rome. Seuls Naples et ses environs ont subi leur influence, sans doute par le biais des échanges commerciaux.

28 L'alphabet étrusque du VIe siècle av. J.-C. Il dérive du grec, mais sa prononciation est différente.

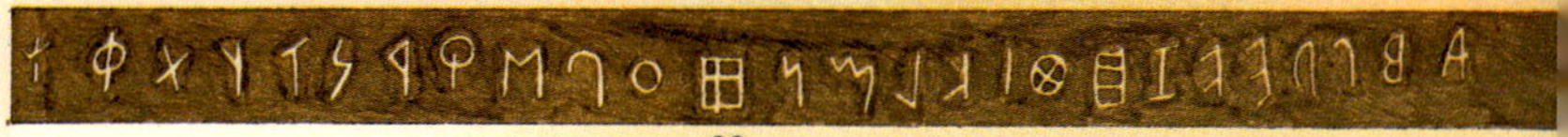
28

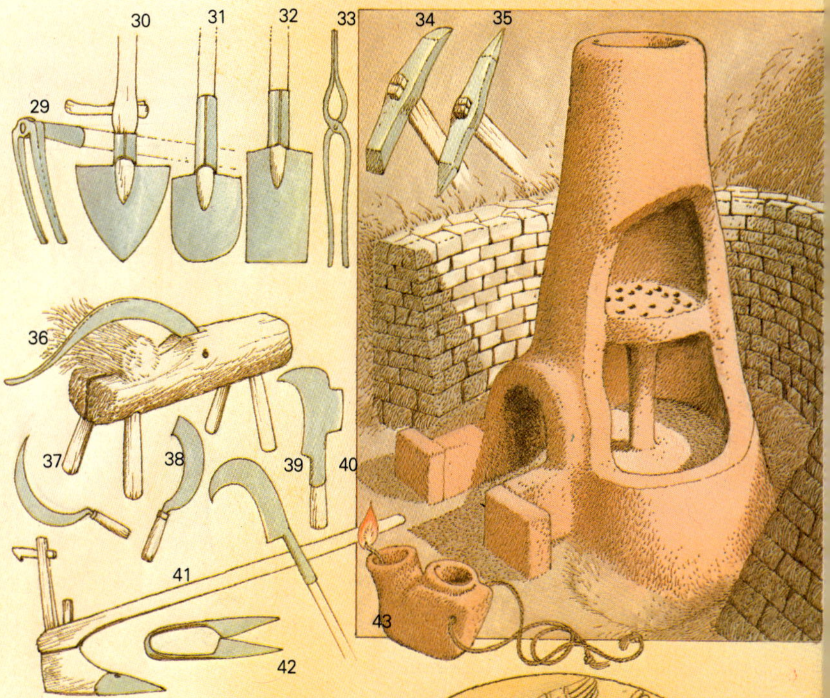

La métallurgie
29 Houe en métal.
30-32 Bêches.
33 Pinces à forger.
34-35 Pics de mineurs.
36 Lame pour couper le fourrage.
37-38 Faucilles en fer.
39-40 Serpes.
41 Charrue étrusque avec soc en métal.
42 Forces pour tondre les moutons.
43 Reconstitution d'un four utilisé pour la fonte du fer, exhumé près de Populonia.
44 Panneau en bronze ornant les flancs d'un chariot.

Imprimé en France par BRODARD GRAPHIQUE – Coulommiers-Paris HH/3034/2
Dépôt légal n° 786-7-1985 – Collection n° 55 – Édition n° 03
I.S.B.N. 2.01.009555.3.

Loi n° 49-956 du 16 juillet 1949 sur les publications
destinées à la Jeunesse. Dépôt 7-85

29/0359/9
85-VII

La Vie privée des Hommes

(suite)

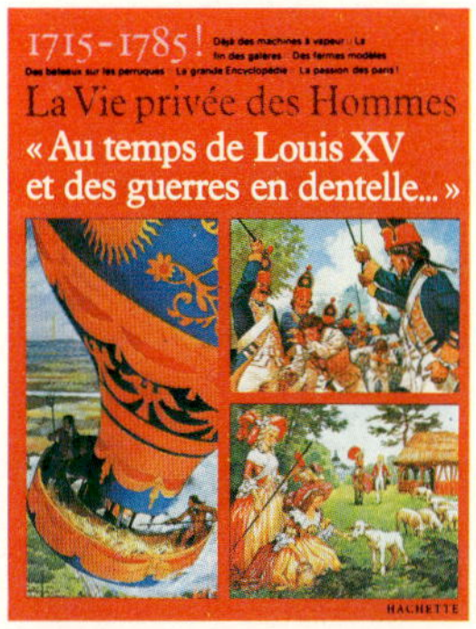

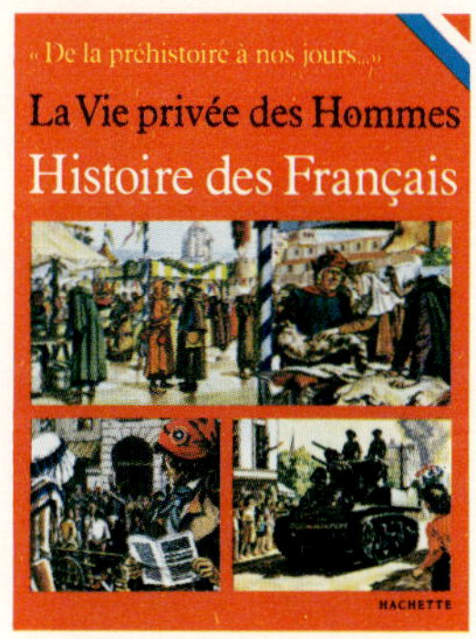

La vie secrète des bêtes

(suite)